LOCUS

LOCUS

LOCUS

LOCUS

from

vision

from 106
數位麵包屑裡的各種好主意：
社會物理學——剖析意念傳播方式的新科學

Social Physics:
How Good Ideas Spread—The Lessons from a New Science

作者：艾力克斯・潘特蘭（Alex Pentland）
譯者：許瑞宋
責任編輯：邱慧菁
校對：呂佳眞
封面設計：三人制創
法律顧問：董安丹律師、顧慕堯律師
出版者：大塊文化出版股份有限公司
台北市 10550 南京東路四段 25 號 11 樓
www.locuspublishing.com
讀者服務專線：0800-006689
TEL：(02) 87123898　FAX：(02) 87123897
郵撥帳號：18955675　戶名：大塊文化出版股份有限公司

總經銷：大和書報圖書股份有限公司
地址：新北市新莊區五工五路 2 號
TEL：(02) 89902588 (代表號)　FAX：(02) 22901658
製版：瑞豐實業股份有限公司
初版一刷：2014 年 12 月
初版五刷：2019 年 5 月

定價：新台幣 320 元
Printed in Taiwan

數位麵包屑裡的各種好主意

社會物理學——剖析意念傳播方式的新科學

Social Physics:

How Good Ideas Spread—The Lessons from a New Science

艾力克斯・潘特蘭 Alex Pentland 著

許瑞宋 譯

目錄

本書緣起

我活在未來。我任職的麻省理工學院（Massachusetts Institute of Technology, MIT）位居創新世界的中心，幾乎所有新想法或新技術在登上世界舞台前，都會先經過這裡。麻省理工學院也位居世界上新創企業最密集的地區，雖然矽谷的規模更大。如果你想活在未來，麻省理工學院媒體實驗室（MIT Media Lab），也就是我的知識家園，很可能是世界上最好的地方。例如，十五年前我便主持全球第一個「賽博格」（cyborg）群體，所有成員生活和工作時，身上均配置以無線方式連結的電腦，戴著可當作電腦顯示器使用的眼鏡。這個實驗的許多構想，最終找到了實際用途：我以前的學生如今正領導一些尖端商業計劃，如內建電腦顯示功能的 Google 眼鏡和全球第二大社群網絡 Google+。

我的有利位置賦予我獨特的機會，可以第一手觀察創造型文化如何蒐集新意念、幫助這些新意念生存壯大，並最終使它們得以實踐。或許更重要的是，我得以觀察到創造型文化必須如何改變，才能在高度連結、極速發展的世界中壯大，而麻省理工學院正是這樣的地方，整個世界也正在進入這樣的環境。

這些經歷使我發現，我們有關人類自身和社會如何運作，有許多傳統觀念是錯誤的。最好的點子並非只能來自最聰明的人，而是往往來自擅長彙集他人想法的人。推動變革的並非只是最堅決的人，往往還有與同道中人保持密切聯繫的人。最能激勵人的不是財富或名望，而是同儕的尊敬和幫助。

麻省理工學院媒體實驗室、我的研究團隊，以及我主持的創業計劃能夠成功，前述觀念至關緊要。我不用傳統的方式授課，而是引進有新想法的訪客，促使夥伴與外面的同道互動。在我擔任媒體實驗室的學術主管時，促使學校允許我廢除傳統的評分方式，我們嘗試以同儕社群的形式成長，以是否獲得同儕敬重和現實中的專案協作情況來衡量自己是否成功，來決定自己能否獲得更多機會。我們活在社群網絡中，不是活在教室或實驗室中。

本書源自激烈的文化衝突：一方是我在媒體實驗室的做事方式，另一方是別處的普遍做事方式。舉例來說，我在印度數家大學以分散式組織的形式建立媒體實驗室亞洲分部後，發現的最大問題之一，便是各大學的研究人員不相往來，他們的研究往往因此停滯不前。同領域的研究人員從不會面，有時即使在同一家大學也是這樣，因爲大學行政當局和資助機構認爲，研究人員閱讀彼此的文章就已足夠，不必見面或一起參加學術會議。然而，等到他們開始會面，並在「非正式」時間共處後，新點子才開始浮現，處理問題的新方式才開始傳播。

我幫世界經濟論壇（World Economic Forum）做事時，看到許多政府高官和跨國企業的執行長，同樣不明白創新需要怎樣的工作方式。我在世界經濟論壇領導有關「高度連結世界」（"hyper-connected world"）的討論，嘗試爲大數據造成的難題尋找解決方案，尤其是個體私人資料不受控制的散布。我清楚看到，多數政界和商界領袖思考創新和集體行動的方式，與我在麻省理工學院看到的例子有巨大差異。多數人以相對靜態的方式思考，如競爭、規則，有時也會考慮複雜性。我則是用相對動態、演化的方式思考，注意網絡中的意念流動、社會準則的生成，以及複雜性的產生過程。多數人會考慮運用以個體和最終穩定狀態爲中心的架構，我則從「社會物理學」（social physics）的角度思考，著眼於網絡中的成長過程。

爲了認識這種思考方式上的差異，我展開了長達十年的研究計劃，希望建立一個嚴謹的知識架構，爲當前以個體爲中心的經濟和政治思維，引進社群互動的面向。這個架構假定社會性學習（social learning）和社會壓力，是推動文化演變和影響高度連結世界的首要力量。這項研究計劃在學術上出奇成功，社會物理學架構的每一部分均在論文中描繪出來，而且發表在全球最嚴謹的一些科學期刊上。我期望這些論文能爲複雜性和網路科學的領域帶來額外的深度，並爲進化動力學帶來新的觀點。

不過，我們都知道，學術論文是很學術性的。因此，我還致力促進這些理論在現實世界中的實踐，協助創辦了六家公司，運用這些理論幫助企業提升生產力和創造力，改善行動社群網絡，使普通人得以成爲成功的投資人，協助支援社會的心理健康。很幸運地，這些在現實世界中的實踐同樣出奇成功，一大原因在於我那些極富才幹和遠見的前學生成爲這些公司的高層。

本書爲一場更大規模的討論揭開序幕，我希望它能夠幫助社會物理學的普及，因爲相關概念對市場競爭和監理等傳統觀念有重要的補充作用，能夠提供一些我們非常需要的細膩觀點。在高度連結的世界，社群動態是決定各種結果的關鍵因素，增進對社會物理學的認識已經變得非常重要。

謝辭

我深深感謝崔西・黑柏克（Tracy Heibeck）在這本書整個誕生過程中的貢獻，她確保每個論點都經過審慎梳理，所有文句都經過適當修潤。要不是出版界的奇怪規定，我會將她列爲這本書的合著者。

我也必須感謝邁克斯・柏克曼（Max Brockman）和史考特・摩耶斯（Scott Moyers），他們的熱忱使本書得以面世，不僅使本書變得可讀，還激動人心。感謝麥莉・安德森（Mally Anderson）細心、周到的編輯工作。最後同樣重要的是，我要感謝我的學生、博士後研究員和同事，他們的辛勤研究幫助我想出本書闡述的觀念、實驗、技巧和結論。

1 從意念到行動
利用大數據了解人類社會如何演化

新點子從何而來？它們如何轉化爲行動？我們可以如何創造樂於合作、富生產力和創造力的社會結構？這些可能是每個社會最關鍵的問題，眼下更是特別重要，因爲我們正面臨全球競爭、環境難題和政府失能等挑戰。

近幾百年來，西方文化大行其道，這在很大程度上是拜繼承自啓蒙時期思想家如亞當・斯密（Adam Smith）和約翰・洛克（John Locke）的典範所賜，他們的學術框架爲這些關鍵問題提供了答案。我們在這個基礎上建立了一個多元社會，藉由競爭和協商來決定商品分配和政府政策。我們的開放式公民社會在競爭中戰勝了較傾向由上而下的集權社會，如今幾乎所有國家都在試驗某種形式的自由市場和政治選舉。

但是，近幾年來，結合人與電腦的網絡改變了我們的生活，它們大幅提升了參與程度、加快改變的速度。隨著網際網路使我們的生活日益密切連結，事件的發展速度似乎愈來愈快。我們淹沒在資訊的洪流中，甚至不知道該注意什麼、該忽略什麼。

我們的世界因此有時似乎瀕臨失控，社群媒體如推特（Twitter）上的貼文可能引發股市崩盤，甚至是推翻政府的抗爭。雖然數位網絡的應用已經改變了經濟、企業、政府和政治的運作，我們仍未完全了解這些結合人與機器的新網絡的本質。我們的社會忽然間已變成一種人與科技的結合體，其能力與弱點異於以往任何一個社會。

遺憾的是，我們並不眞正知道該怎麼做。我們理解和管理世界的方式，是在一個較從容、連結程度較低的時代形成的。我們目前的社會觀念誕生於十八世紀末的啓蒙時期，並於二十世紀上半葉演變成當前的模樣。當年世事變遷較爲緩慢，眞正推動世界演變的，往往只是一小群商人、從政者或富裕家族。因此，當我們思考如何管理社會時，我們會談論「市場」和「政治階級」等抽象概念；事物在這些框架中緩慢演變，所有人掌握的資訊基本相同，人們因此有時間理性行動。

然而，在今天高度連結的光速世界，這些假設備受考驗，正逐漸失效。今天的虛擬群體可以在短短幾分鐘內形成，而且往往是由世界各地數以百萬計的人所構成，每天貢獻內容和評論的還可能是不同的數百萬人。金融交易仰賴實體交易大廳，政治協商仰賴一小群人在煙霧瀰漫的密室中討價還價、直到達成協議，像這樣的年代已經過去了。

爲了了解這個新世界，我們必須擴展自己熟悉的經濟和政治觀念，顧及這些數以百萬計的人彼此學習、互相交流觀點所產生的影響。我們不能再認爲自己不過是審慎思考後做出決定的個體；我們必須考慮影響個人決定和促成經濟泡沫、政治革命和網路經濟的有力社群效應。

亞當·斯密本人明白，引導市場「無形之手」的並非只是競爭，還有我們的社會結構。在他的著作《道德情操論》（*The Theory of Moral Sentiments*）中，斯密認爲人性的交換欲望並非僅限於商品，還包括思想、援助和出於同情的恩惠。[1]他還認爲，這些社會交換引導資本體制創造出造福社會的問題解決方案。不過，在斯密那個年代，資產階級幾乎都住在一個城市裡，彼此認識，受到必須當好公民的社會壓力約束。一旦少了這種有力的社會聯繫所產生的責任感，資本體制往往變得貪婪，政治則變得惡毒。在我們這個超高速連結的新世界，多數社會聯繫十分薄弱，無形之手常常失靈。

本書的目的，是提出一套社會物理學，擴展經濟和政治思想，不僅考慮競爭力量，還顧及觀念、資訊、社會壓力和社會地位的交流，以求較完整地解釋人類的行爲。爲了達到這個目的，我們不僅必須解釋社群互動如何影響個人的目標和決定，更重要的是，必須解釋這些社群效應如何產生亞當·斯密所謂的無形之手。[2]我們必須明白社群互動和競爭力量如何產生作用，才有望確保我們這個超高速連結的網絡社會保持穩定和公平。

什麼是社會物理學？

社會物理學是一門量化社會科學，描述資訊和意念流與人類行為之間確實的數學關係。社會物理學幫助我們了解意念如何經由社會性學習機制在人際間流動，以及這種意念流如何決定企業、城市和社會形成規範，影響其生產力和創造性產出。它使我們得以預測小群體、企業部門，以至整個城市的生產力。它也能幫助我們調整交流網絡，可靠地提升決策品質和生產力。

社會物理學產生的關鍵見解，全都與人際間的意念流有關。這種意念流當然可見於電話或社群媒體通訊的形態，但也可藉由評估人們相聚的時間長短、是否去同樣的地方和擁有類似的經歷來觀察。我們在後續章節將會看到，意念流對了解社會極其重要，不僅是因為及時的資訊對維持系統高效運轉至關緊要，更重要的是因為行為轉變和創新，正是靠新意念的傳播和組合來推動。

聚焦於意念流，正是我選擇將本書英文書名取為「社會物理學」的原因。傳統物理學的目的是了解能量的流動如何轉化為運動之變化，社會物理學則是嘗試了解意念和資訊的流動如何轉化為行為之變化。

關於社會物理學的應用，我們來看一個例子。有一群金融交易的當沖客，藉由某個社群網站分享交易情報，有時他們很少人能賺到可觀的利潤，這對他們自己和他們的經紀人都不好，後者會因爲他們放棄交易而失去生意。爲了改善當沖客的交易成績，經紀人試用標準方案，例如設法提升這些當沖客的知識和技術。這些傳統方法確實有些效果，有一群當沖客的成績進步了約二%。

其中一家經紀公司允許我在麻省理工學院的研究實驗室介入，利用我們模擬社群網絡意念流的數學模型，試用一種社會物理學方案。我們分析該社群網站上交易者之間數以百萬計的具體訊息，發現他們彼此之間的影響太強，以致出現「羊群現象」——交易者彼此過度模仿，所有人因此傾向採用相同的交易策略。

社會物理學的數學分析顯示，解決這個問題的最好方法，就是改變社群網絡、降低新交易策略在網絡中的傳播速度。我們推動這些變革後，交易者的投資報酬率平均增加一倍，遠勝於標準經濟方案的效果。

標準的管理指南並不會教你降低網絡中的意念傳播速度，前述的結果並不令人意外，因爲我們用數學模型分析了大量數據，所以能夠設計確切的介入方式，並且準確預測結果。那些方程式源自社會物理學的數學，我將在第二章加以解釋。

這是一門實踐科學

「社會物理學」這個名字歷史悠久，它最初出現在十九世紀初，當時人們參考牛頓物理學，將社會比喻爲一部巨大的機器。但是，社會就是不大像機器。人們對社會物理學的第二波興趣出現於二十世紀中期，當時學者發現許多社會指標有一定的統計規律，例如符合齊夫分布（Zipf distribution）[3]和重力定律[4]描述的形態。在此同時，社會科學界改進了有關社會互動基本機制的理論。[5]在最近一波「社會物理」（sociophysics）的熱潮中，我們發現了人類活動和通訊中的統計規律，以及它們與經濟指標的有趣相關性。[6]因爲這些新類型的數據，社會科學理論的量化程度大大提升。[7]

但是，這些努力均未能闡明促成社會變化和產生那些統計規律的機制。相關理論和數學表述仍然零散，很難應用在實際問題上。我們必須超越僅僅描述社會現象的層次，設法建立社會結構的因果理論。這方面的進展是邁向大衛·瑪爾（David Marr）所稱的行爲計算理論：以數學方式解釋社會的種種反應，闡明這些反應如何解決（或無助於解決）人類的問題。[8]這種行爲計算理論集中關注人類行爲的產生過程，正是建立較好的社會體系所需要的。這種理論可將社會互動機制和我們新近獲得的巨量行爲資料聯繫起來，以求設計出更好的社會體系。

本書提出這項實踐理論的基本概念，內容以我近來發表於世界重要科學期刊的系列論文爲基礎。這項理論由連串數學模型構成，它們簡單得令人難以置信，可用淺白的文字解釋，可相當準確說明本書闡述的數十個眞實事例。這些例子包括財務決策（包括泡沫等現象）、「引爆點」式的連串行爲變化、發動數以百萬計的人協助搜尋、節省能源、出門投票，以及社會影響如何塑造政治觀點、購買行爲和健康選擇。

實踐理論的最終考驗，當然是它能否用來塑造結果。它足以成爲社會改造的指導理論嗎？爲了回答這個問題，我將說明人們已如何利用這項新理論創造更好的公司、城市和社會制度。這個新的社會物理學框架可以爲小群體、企業、城市，以至整個社會提供量化分析結果，應用幅度之廣在社會科學中近乎獨一無二。目前已有多個商業領域，在日常運作中應用社會物理學框架，在金融投資、健康監測、行銷、改善企業生產力和增加創造性產出等方面服務數千萬人。

不過，社會物理學的重要性，終究並非僅限於它能提供準確、有用的量化預測。如果社會物理學只是複雜的數學，其應用將僅限於受過特別訓練的專家。我認爲它最終能產生多大的影響，也取決於它是否爲各界（如政府和產業領袖、學者和一般公民）提供一種語言，超越市場和階級、資本和生產之類的舊詞彙。「市場」、「政治階級」和「社會運動」等詞彙塑造了我們的世界觀，這些詞彙當然是有用的，但它們也反映過度簡化的思維，因此會限制我們清晰、有效思考的能力。本書將提出一套新概念，相信有助我們較準確地討論世界與規劃未來。

大數據

社會物理學的引擎是大數據，也就是最近變得無處不在、全面反映人類生活各方面的數位資料。社會物理學的作用，有賴分析我們在現實生活中留下的「數位麵包屑」（digital breadcrumbs），如通話紀錄、信用卡交易、GPS定位紀錄等，藉此辨識、分析人類經歷和思想交流的形態。這些資料記錄我們每個人選擇做些什麼，反映日常生活的實況。這與臉書（Facebook）的貼文大不相同，臉書貼文是人們選擇告訴別人的訊息，按照當下的標準編輯，其中能夠較準確反映我們的眞實情況的，是我們將時間花在哪裡與買了什麼，而不是我們說自己做了什麼。[9]

分析這些數位麵包屑中的形態的流程稱爲「現實探勘」（reality mining），這對我們了解相關個體是怎樣的人大有幫助。我的學生和我已經發現，我們可藉由現實探勘來判斷相關人士是否很可能將罹患糖尿病，或他們是不是那種會償還貸款的人。藉由分析大量人口的相關形態，我們發現以前看似隨機「不可抗力」的許多事物，如股市崩盤、革命和泡沫等，如今是可以解釋的。《麻省理工學院科技評論》（*MIT Technology Review*）因此將我們研究出來的現實探勘，列爲十項將改變世界的技術之一——詳情請參考附錄一〈現實探勘〉。

社會物理學使用的科學方法異於多數社會科學，因爲它主要仰賴「實地實驗室」（living laboratory）。什麼是實地實驗室？想像一下，我們將整個社區置於一個成像室（imaging chamber）中，記錄和呈現社區成員的行爲、通訊和社交互動的所有面向。社區成員照常生活，我們則持續記錄一切，時間可能長達數年，這便是一個實地實驗室。

近十年來，我的學生和我已發展出建立和應用這種實地實驗室的能力，逐秒測量整個社會有機體，包含群組、公司和整個社區等，時間可能長達數年。方法很簡單，我們蒐集來自手機感測器、社群媒體貼文和信用卡交易等源頭的數位麵包屑，藉此測量相關群體。

爲此，我已開發出一些法律和軟體工具，保護實驗參與者的權利和隱私，確保他們完全明白我們如何處理他們的資料，以及他們可以隨時選擇退出實驗。我在本書也將說明，我設計的方案對協助改善世界各地的隱私保護措施產生了重要作用——有關這些法律和軟體工具的詳情，請參考附錄一和附錄二〈開放式個人資料儲存〉。

這些數以十億計的通話紀錄、信用卡交易和GPS定位紀錄，爲科學家提供了一種新鏡片，使我們得以十分仔細地觀察社會。[10]當年，荷蘭的鏡片工匠製造出首批實用的鏡片，研究者因此得以做出首批顯微鏡和望遠鏡；我的研究實驗室和我則開發出蒐集整個社群的數位麵包屑的工具，我們因此得以製造出首批實用的「社會觀察鏡」（socioscopes）。這些新工具使我們得以看見生活的種種複雜面向，這是社會科學進步的希望所在。一如顯微鏡和望遠鏡徹底革新了生物學和天文學的研究，實地實驗室中的社會觀察鏡將徹底革新人類行為的研究。

也是一門豐富的社會科學

目前社會科學多數仰賴調查和實驗室現象的分析，也就是以一般情況或刻板印象的描述做為基礎。但這種方法無法解釋眞實生活的複雜性，也無法說明我們的各種異常心理同時產生作用時的情況。它們也忽略了一項重要事實：我們的互動對象之具體情況，以及我們與他們互動的方式，一如市場力量或階級結構那麼重要。社會現象實際上由個體之間數以十億計的小規模交換構成，而人們交易的不僅是商品和金錢，還包括資訊、觀點，以至純粹的閒聊。這些個別交易中有一些形態，促成金融市場崩盤和阿拉伯之春等各種現象，我們必須了解這些微型形態，因為它們不會只是產生典型的一般社會現象，拜大數據所賜，我們有機會藉由數以百萬計的人際交換網絡，看見社會的種種複雜面向。

如果我們能有可看清一切的「上帝之眼」，我們或許就能眞正明白社會的運作方式，採取行動解決我們的問題。遺憾的是，如圖1顯示，傳統的社會科學研究產生的資料（標記1），幾乎全都接近（0,0）的座標；也就是說，這些資料集的數據蒐集自不到一百人，而且觀察的持續時間只有數個小時。標記2和3的研究，屬於迄今最大型的一些社會科學研究。[11]近

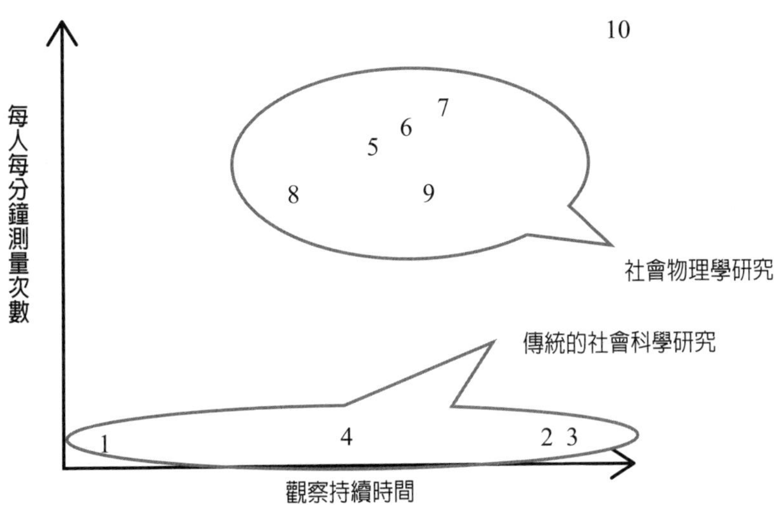

圖1社會科學觀測和實驗的質性概覽，橫軸顯示數據蒐集的持續時間，縱軸顯示蒐集資料的豐富程度。相關資料集包括⑴多數社會科學實驗；⑵Midwest Field Station（Barker 1968）；⑶Framingham Heart Study（Dawber 1980）；⑷大型通話紀錄資料集（Gonzalez et al. 2008; Eagle et al. 2010; Hidalgo and Rodriquez-Sickert 2008）；⑸現實探勘（Eagle and Pentland 2006）；⑹社群演化（Madan et al. 2012）；⑺朋友與家人（Aharony et al. 2011）；⑻社會計量識別牌研究（Pentland 2012b）；⑼以數據推動發展（D4D）資料集（www.d4d.orange.com/home）；⑽社會科學研究將到達之處。

十年來，計算派社會學者開始懂得利用大數據，他們使用來自行動通訊營運商和社群媒體業者等公司的資料集，這些研究的典型例子在圖1中標記爲4。可惜，連這些大型資料集也有內容貧乏的問題，因爲它們每次僅測量幾個變量，因此能反映的人性非常有限。

社會物理學則力求得到最豐富的量化描述，標記5、6和7的研究來自我自己的研究小組，利用智慧型手機蒐集資料；標記8的研究利用智慧型電子識別牌蒐集資料（詳情請參考附錄一〈現實探勘〉）；標記 9 的研究是以數據推動發展（Data for Development, D4D）的資料集爲基礎，涵蓋象牙海岸全國人口。

圖 1 清楚顯示，這些社會物理學資料集比以前的社會科學資料集豐富很多個級數。這些大型的數位資料集包含非常大量、客觀、連續和密集的數據，我們因此得以建立複雜和日常處境下，具預測能力的人類行爲量化模型。

標記 10 是世界將到達之處，這點很重要。短短數年後，我們很可能就可以得到驚人的豐富資料，涵蓋幾乎所有人類的行爲，而且是持續產生的資料。這些資料多數已存在於手機網絡和信用卡資料庫等地方，但目前只有技術專家能使用它們。但隨著它們逐漸廣泛應用在科學研究中，社會物理學這門新科學將獲得更大的動能。一旦我們能更精確地將人類生活的形態形象化，我們便有望配合人與科技互聯的複雜網絡，改善我們認識和管理現代社會的方式。

爲了支持本書，我已將世界上最大型、最詳細的幾個實地實驗室資料集放在網路上。拜這些新的數位資料源所賜，我們得以精確地測量人與人或人與商人之間的互動形態，並描繪人們日常生活中的經歷形態。這些實地實驗室資料集包括：

- **朋友與家人**：來自一個年輕家庭小社區約十八個月的數據，內含許多類型的社群變量，包括位置、接近程度、通訊、購買、社群媒體的使用、行動應用程式和睡眠。

我們每六分鐘測量三十個行爲變量，[13]這項研究產生了一五〇萬個小時有關人類社會經驗的量化紀錄。

- **社群演化**：來自某大學學生宿舍的九個月數據，包括每五分鐘測量一次的位置、接近程度和通訊資料；此外，還有健康、政治和社會變量。[14]這項研究包括總共五十萬小時的量化觀察。
- **現實探勘**：來自兩間大學實驗室研究生的九個月數據，包括每五分鐘測量一次的位置、接近程度和電話使用資料；此外，還有數個其他社會變量。[15]這項研究涵蓋逾三十三萬小時的人類互動。
- **識別牌資料集**：來自某白領工作場所的一個月數據，包括每十六毫秒測量一次的位置、通訊和肢體語言資料，以及精確的工作流程和任務測量。[16]

經匿名處理的數據、圖像、代碼、說明和相關論文，可在 realitycommons.media.mit.edu 找到，這些資料的蒐集過程遵循美國保護人類受試者的聯邦法律。[17]

這些實地實驗室詳細呈現了部分美國人的生活面貌，但世界多數人口居住的開發中國家情況又是如何？二〇一三年五月一日，我主持了「數據推動發展」計劃的揭幕儀式。這可能是世界上第一個眞正的大數據公有資源（big-data commons），它描繪非洲國家象牙海岸全國人口的移動和通話形態，並蒐集經濟、人口、政治、飲食、貧窮和基礎設施方面的數據。相關資料如今可在 www.d4d.orange.com/home 找到。

這些匿名總合資料由行動通訊營運商 Orange 捐出，由比利時魯汶大學（University of Louvain）和我在麻省理工學院的研究小組提供協助，合作單位包括象牙海岸布瓦凱大學（Bouake University）、聯合國全球脈動計劃（Global Pulse）、世界經濟論壇，以及行動通訊產業組織全球行動通訊系統協會（GSMA）。在本書最後一章，我們將敘述人們如何利用這項數據公有資源，徹底革新象牙海岸的政府和公共服務。

本書大綱

本書旨在說明社會物理學如何結合有關人類行爲的大數據和社會科學理論，創造一門在許多現實情境下可以應用的實踐科學（事實上已有諸多應用）。在本書的第一部分，我藉由若干例子建立理論基礎，說明社會物理學最重要的兩個概念：

- 社群網絡中的**意念流**（**idea flow**），以及意念流可以如何分爲探索（尋找新意念或新策略）和參與（促使所有人協調他們的行爲）兩個部分。
- **社會性學習**（**social learning**），有關新意念可以如何成爲習慣，以及社會壓力可以如何加快、塑造學習。

本書的這個部分也說明我們可以如何使用數位麵包屑，爲諸如社會影響、信任和社會壓力等概念建立準確、實用的指標。拜這種技術所賜，我們得以測量社群網絡中的意念流，並利用誘因塑造現實情境中的社會性學習形態。我將利用線上社群網絡、健康、金融、政治和消費者購買行爲等例子，說明社會物理學的運作。

在本書的第二部分，我利用各類型的現實事例，說明人們如何應用社會物理學提升組織的靈活性、創造力和生產力。相關例子包括研究實驗室、廣告創作部門、內勤支援作業，以及客戶服務中心。

本書的第三部分，檢視社會物理學更大規模的應用，也就是應用在整個城市的情況。我主要關注我們可以如何應用社會物理學改造城市，提升效率、創造力和生產力。

在本書的最後部分，我闡述社會物理學在社會制度上的應用。我探討資料導向社會中的政府角色和法規結構，並提出隱私和經濟法規的改革建議。

我希望在這一路上，讀者可以學到社會物理學的思考方式。因爲它的量化和預測特質，這門新學科在許多方面與經濟學類似；事實上，本書的語言有很大一部分借用自經濟學。然而，社會物理學並非研究經濟個體的行爲和經濟體的運作，而是嘗試了解意念流如何轉化爲行爲和行動。換句話說，社會物理學是研究人類行爲如何受意念交流的驅動，研究人們如何合作以發現、選擇和學習策略，以及如何協調彼此的行動，而不是研究市場如何受金錢的交換驅動。

社會物理學與其他學科，例如認知科學，也有若干表面相似之處，但社會物理學與認知科學有相當重要的差異。社會物理學的關注焦點並非個人的思想和情感，而是社會性學習做為行為與規範的主要驅動因素。這個學科的一項基本假設，是向其他人的行為榜樣及相關脈絡特徵學習，是人類行為改變的主要機制，而且很可能是支配性的機制。因為忽略內在認知過程，社會物理學本質上是概率性的，帶有因為忽視人類自覺思想的生成性質而無法消除的不確定性。

資料導向社會：普羅米修斯之火

日漸興起的社會物理學，結合經濟學、社會學和心理學的一些分支，並納入網絡、複雜性、決策和生態科學方面的知識，以大數據將它們融合起來。我藉由創造超越市場、階級和黨派等集合體的社會系統，檢視意念交流的具體形態，說明我們可以如何著手建立較強健的社會，避免市場崩盤、族群與宗教暴力、政治僵局、普遍的貪腐，以及危險的集權情況。我們首先應開始制定科學化、可靠的成長和創新政策，並建立保護隱私和促進公共事務透明度的資訊和法律架構，這些措施可賦予我們監控政策效果的空前能力，我們將能知道自己何時被欺騙了、何時遭踐踏了，因此能採取行動以迅速、有效地解決問題。

這種資料導向社會的願景，含有一個不明言的假設：資料不會遭到濫用。但社會物理學造就的能力——能看清市場和政治革命的具體運作，也能預測和控制它們——有如普羅米修斯之火，可以用來行善，也可以用來作惡。簡而言之，爲了發揮資料導向社會令人興奮的潛力，我們必須推行我提出的「資料新政」（New Deal on Data），以可行的政策確保供應公共財所需要的資料容易取得，同時保護公民。[18]任何一個社會要能成功，持續保護個人隱私和自由，都是至關緊要的。

近五年來，爲了保障前述的個人自由，我和夥伴共同主持政界領袖、跨國企業執行長及公共倡議團體之間的相關討論。結果是，美國、歐盟和若干其他國家，正朝「資料新政」的方向研擬相關商業法規。[19]這些變革開始賦予個人對有關自身資料空前的控制權，同時也有助提升公共與私人領域的透明度和促進見解的產生。

這些變革雖然有助保護民眾免受企業侵害，但對於防止政府的侵害並沒有什麼幫助。二○一三年六月，美國國家安全局（ＮＳＡ）前約聘人員愛德華・史諾登（Edward Snowden），揭發美國政府大規模監控電話通訊紀錄和網際網路數據，他將這些活動稱爲「壓迫的結構」（architecture of oppression）。我們需要一場新的公開辯論，探討個人隱私與政府蒐集和使用個人資料之間的平衡；換言之，「資料新政」必須延伸至政府。我們也必須採用令政府難以濫權侵犯民眾隱私的電腦和通訊技術。

另一項挑戰是，我們的社會系統需要更多的對照實驗。眼下政府和企業，往往基於非常薄弱的證據，便推出新的政策和系統。社會科學目前採用的科學方法辜負我們的期望，在大數據年代有崩潰的危險。[20] 咖啡對我們是好，還是不好？糖又如何？數十億人消費這些產品超過一個世紀後，我們應該知道答案。但我們得到的，似乎只是不時改變的「科學」意見。我們必須建立實地實驗室，爲建構資料導向社會檢驗和證實相關見解，藉此復興社會科學。

我們的社會已開始了一趟將媲美印刷和網際網路等革命的偉大旅程，我們將首次掌握眞正認識自己和了解社會如何演化所需要的資料。藉由更認識自己，我們或許能建立一個美好的世界：沒有戰爭，也沒有金融崩盤，傳染病可以迅速偵測和遏止，能源、水和其他資源不會再被浪費掉，政府能幫助我們解決問題而非製造問題。不過，要達到這些目標，我們首先必須認識社會物理學，然後我們必須釐清做爲一個社會，我們最重視什麼，以及爲了達到目標願意做出哪些改變。

本書使用的語言

許多詞語既有一般含義，也有較專門的經濟學或科學含義。為了避免混淆，下列簡要說明一些詞語。

參與（**engagement**）：參與是一種社會性學習，通常發生在同儕團體之中，往往會發展出行為規範，並產生執行這些規範的社會壓力。在企業中，成員之間意念流動率較高的工作小組，通常有較強的生產力。

探索（**exploration**）：在探索過程中，人們藉由建立各種社群網絡並發掘其中資源，找出可能有價值的新意念。在企業中，來自外部的意念流動率較高的工作小組，通常有較強的創新能力。

意念（**idea**）：意念是工具行為（instrumental behavior）的策略，包含行動、預期結果，以及用來辨識何時採取行動的特徵。適合、寶貴的意念，會成為「快思」反應下的「行動習慣」。[21]

意念流（**idea flow**）：是行為和信念藉由社會性學習和社會壓力，在社群網絡之中的傳播。意念流受下列因素左右：社群網絡結構、每兩個人之間的社會影響強度，以及個人有多容易受新意念影響。

資訊（**information**）：資訊是可能被納入某個信念或用於建立某個意念的觀察。

互動（**interaction**）：互動包括直接行爲（如進行一段對話），和間接行爲（如偶然聽到一段對話）。

社會影響（**social influence**）：社會影響是指一個人的行爲可能影響另一人的行爲。

社會性學習（**social learning**）：社會性學習是⑴藉由觀察其他人的行爲，包括汲取難忘故事的教訓，以學習新的策略（如脈絡、行動或結果）；或⑵藉由體驗或觀察得到新信念。

社群網絡誘因（**social network incentive**）：促使人們改變一對一交換形態的誘因。

社會規範（**social norm**）：各方均認爲可產生最佳交換價值的一組相容策略。規範通常由社會性學習形成，靠社會壓力傳播。

社會壓力（**social pressure**）：社會壓力是一個人可以用在另一人身上的談判籌碼，受限於兩人之間的交換價值。

社會（**society**）：社會物理學假定人類社會主要由個人之間的交換網絡構成，而不是將社會描述爲由階級或市場構成。

策略（**strategy**）：策略包含辨識處境的各項特徵，了解在該處境下或許可行的各項行動，以及這些行動的預期結果。

信任（**trust**）：信任是期望持續、穩定的交換價值。

價值（**value**）：當我說一種交換關係的「價值」時，是指這種交換能滿足社會和個人目的的程度，包括效用、好奇和社會支持等。

第 1 部

社會物理學

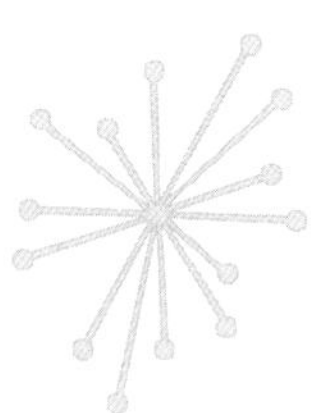

2 探索
如何找到好點子、做出好決策？

有關創新和創造力的標準說法，是極少數超級機靈的人，擁有近乎神奇想出好點子的能力，其他人則只是偶爾幸運地想出好主意。但是，我看到的情況並非如此；據我觀察，最好的點子來自持續、細心的社會探索。

在麻省理工學院，我占據了世界上相當獨特的一個位置：位居數類傑出人士的交會點。其中，最顯而易見的是和我往來的許多世界一流學者，他們是我在波士頓地區的同行。其次，是一些極富遠見卓識的企業領袖，他們來我在麻省理工學院的創業課演講，也有一些人贊助我的研究。此外，透過世界經濟論壇，我有機會和來自世界各地的政界領袖討論新想法。透過麻省理工學院的媒體實驗室，我有機會與許多嶄露頭角、大有前途的藝人往來。最後，當然還有我的學生，他們是來自全球各角落的最優秀人才。

出人意料的是，他們基本上只是正常人，雖然他們當中有些人已鍛鍊出某些世界級的技能，但他們的新想法並非來自這裡。誠如史蒂夫・賈伯斯（Steve Jobs）所言：

> 所謂的「創造力」，只是將事物聯繫起來。你去問富創造力的人如何做到某件事，他們會覺得有點不好意思，因爲他們不是眞正做到，他們只是看到了。一段時間之後，他們會覺得那是顯而易見的，那是因爲他們能將自己累積的各種經驗聯繫起來，組合出新事物。[1]

創造力和洞察力一貫高強的人是「探索者」（explorers），他們花大量時間接觸新的人和不同觀點，未必會很努力尋找「最好」的人或「最好」的主意，反而希望接觸的是能提出不同觀點和不同見解的人。

這些探索者在持續搜尋新想法之際，還會做另一件有意思的事：他們會習慣性地與見到的人討論自己最近發現的新構想（別忘了！他們接觸很多不同類型的人），藉此去蕪存菁，只留下最好的想法。多元的觀點和經驗，是獲得創新想法的關鍵因素之一。能使許多類型的人感到驚奇和興致勃勃的構想，便是值得保留的。這些想法被編入新的世界觀中，用來引導行動和決策。

效能最強的人總是在建立和檢驗新構想，他們將新發現的觀點融入構想中，然後與自己接觸的人討論這些構想。一如黏土原料可以塑造成精美雕像，他們的構想將愈來愈有說服力。最後，他們決定是時候付諸行動，讓自己的構想接受現實的考驗。對這些人來說，蒐集、篩選和塑造構想像是一種遊戲；事實上，有些人的確稱之爲「認眞的遊戲」（"serious play"）。[2]

科學、藝術或領導的主要工作是一樣的：研擬具說服力的構想，然後接受現實的考驗。科學構想的考驗，在於它們與現實事物的運作是否相符；藝術構想的考驗，在於它們是否有能力影響眼下的文化對話；管理構想的考驗，在於它們能否帶給企業或政府良好的績效。

然而，這種探索過程——尋找構想，然後去蕪存菁——如何收成好主意，進而產生好決策？這只是個人智慧產生不了多大作用的意念隨機重組嗎？抑或是成功的探索有賴一些關鍵策略？

因爲這種探索過程，基本上是個人社會網絡的探索，回答前述問題的一個良好起點，就是研究社交互動如何幫助我們找到新意念並應用在決策上。

原始部落研究支持下列的看法：社交互動是人類蒐集資訊和做決策的核心方式。人種學者發現，幾乎所有影響整個群體的決定，都是在社交場合做出的。[3]無論是人類還是其他動物，這個規律的主要例外情況，是必須極快做出決定的時候，例如發生戰鬥或緊急狀況時。[4]

人類爲什麼會演化出這種社會決策模式？我們首先想到的，是集合許多不同人士的想法是有好處的。關於這方面的基本概念，是我們可以藉由集合各人的想法，利用「群衆的智慧」得出優於個人判斷的意見。數年前，詹姆斯．索羅維基（James Surowiecki）有關「集體智慧」的著作普及了這個觀念，而這正是支持不記名投票、社群媒體上按「讚」和星級評價系統，以及應用程式下載次數統計的基本概念。[5]

但證據顯示，這種集合衆人意見的做法，僅適用於無社交互動下的估計問題（estimation problems）。換句話說，它假定群體中所有人都獨立行事。然而，一旦出現社交互動，一切便落空了：人們開始影響其他人，[6]結果可能是恐慌、泡沫和一時的風潮。[7]集合衆人意見能有效處理簡單的估計問題，因爲在無社交互動的情況下，各人貢獻的資料足夠獨立，我們能用簡單的數學做綜合分析，也就是以平均值或中位數做爲答案。

遺憾的是，較複雜的策略資訊並沒有容易的集合方法。不過，這個問題並非毫無希望，田野生物學家觀察動物族群時，發現社會性學習（也就是模仿成功的個體），可以改善覓食決定、交配選擇和棲息地選擇的準確性。[8]人類方面，反饋眼下最佳構想的社會性學習策略——一種受限制、人爲的社會互動，在蒐集構想前會有專家評估相關構想——能產生群衆智慧效應，甚至應用在小群體也有良好效果。[9]但是，無論是動物還是人類，個體的決策策略必須足夠多元，才能產生這種群衆智慧效應。[10]由此看來，蒐集構想以促成優秀決策的關鍵，似乎在從其他人的成敗中汲取教訓，並確保這種社會性學習的機會足夠多元。

社會性學習

但我們要如何找到足夠多元的想法？爲了了解什麼形態的社會性學習能產生群衆智慧，我們必須先具體了解如何運用社會性學習找到最佳想法。爲了說明群衆智慧能如何產生，我將在此報告我和博士後研究生雅尼福．亞舒勒（Yaniv Altshuler）和潘巍對 eToro 社群網絡的一些研究，結果此前已刊於我在《哈佛商業評論》（*Harvard Business Review*）的文章〈超越決策一言堂〉（"Beyond the Echo Chamber"）中。[11]

首先，提供一些背景資料：eToro 是一個服務當沖客的線上金融交易平台，它最有意思的特點，可能是它結合一個名爲 OpenBook 的社群網絡平台。在 OpenBook 上，用戶可以很方便地查看其他用戶的交易、投資組合和績效紀錄，但不能看到其他用戶模仿誰的交易。用戶在 eToro 主要可以做兩種交易：

- **單獨交易**（**single trade**）：用戶自行做出的正常交易。
- **社群交易**（**social trade**）：用戶模仿另一用戶的單獨交易買賣，也可自動追隨另一用戶的所有交易。

多數用戶會公開他們的交易想法，允許其他人追隨他們。他們在 OpenBook 公開自己的

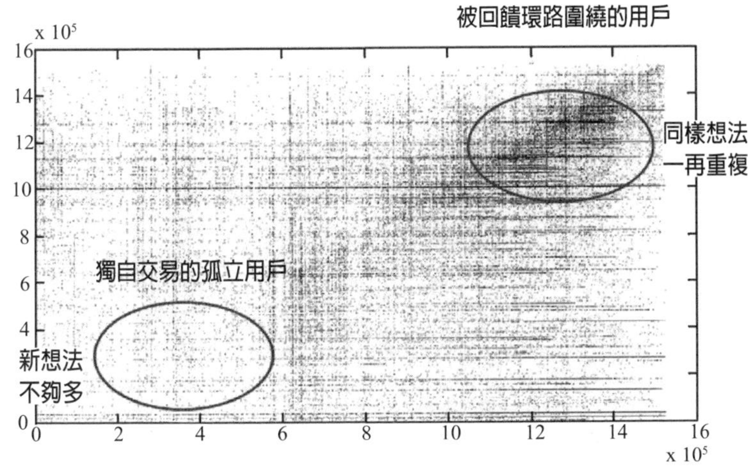

圖2 每一點代表一筆社群交易，也就是橫軸上160萬名用戶的其中一位模仿另一名用戶的交易；縱軸顯示他們模仿的用戶。圖中圈起了兩個區域：左下角是用戶相對孤立和不理會其他人的交易之處；右上方則是用戶過度互相模仿之處。

交易，有可能因此得到不錯的收入，因爲他們的交易每次獲得別人模仿，均可獲得eToro支付一小筆錢。多數用戶會選擇關注數名交易者。

我們在二〇一一年蒐集來自一六〇萬名eToro用戶的歐元／美元交易資料，因爲這個資料集，我們得以檢視近一千萬筆金融交易。這當中的美妙和重要之處，在於我們眞的可以看到社會性學習發生，追蹤它對人們行爲的影響，並測量每項行爲是否對當事人有利。總而言之，這個網絡爲我們提供了觀察社會性學習的「上帝之眼」，能看到個人之間具體的交流如何影響他們的行爲和最終的財務結果。我們很難找到其他數據集能如此清楚看到社群探索的過程，並釐清什麼形態的社會性學習效果最好。

圖 2 顯示 eToro 用戶之間的社會性學習形態，圖中的每一點顯示橫軸上的某位用戶模仿縱軸上另一位用戶的交易。圖 2 呈現的上帝視野是不曾有人看過的，那便是一種整體的學習形態。圖 2 最明顯的特徵，是點與點之間仍有許多空白，這意味著多數用戶僅模仿數名其他用戶，還有許多用戶根本不模仿任何人。在我們看到的這個社群網絡中，交易者與他們模仿的對象聯繫稀疏。因此，新交易策略在這個社群網絡是這麼傳播的：個別用戶決定模仿另一些用戶，而他們又被另一些用戶模仿。

圖 2 也清楚顯示，社會性學習的數量有很大的差異。圖中右上方有一部分幾乎被黑點填滿，代表那是交易者之間一個密集的社會性學習網絡。左下方黑點稀疏的部分，代表交易者之間的社會性學習很少。不過，圖中多數地方的黑點密度爲中等，代表多數交易者處於這兩種社會性學習極端形態之間。

那麼，這對個別交易者意味著什麼？有些人顯然缺乏社會性學習的機會，因爲他們與其他交易者的聯繫太少了。還有一些人則陷於一種回饋環路網絡中，因此一再聽到相同的交易想法。至於大部分的人，則是有中等數量的社會性學習機會。在 eToro 上交易的每個人，都有不同的探索形態，因此各有一組不同的交易想法。

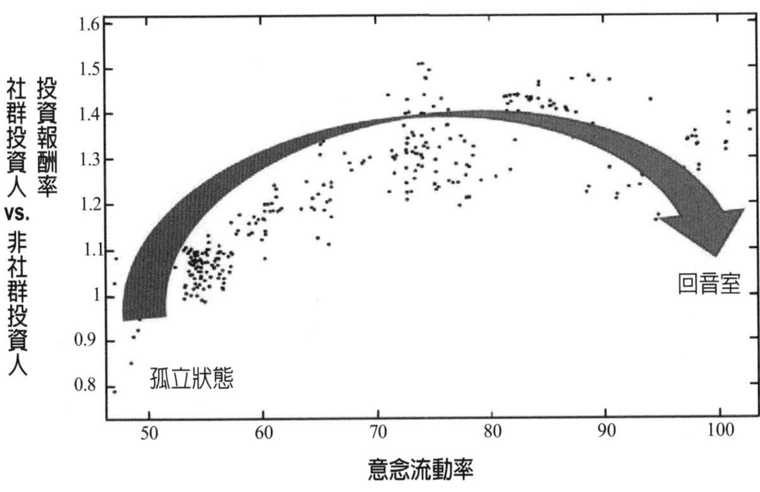

圖3 每一點代表所有eToro社群交易者一整天的平均表現。縱軸反映社群交易的報酬率（經修正以剔除市場整體漲跌的影響），橫軸則反映eToro社群網絡中的意念流動率。在適當的意念流動率下，社群交易的報酬率可比獨自交易高30%。

意念流

怎樣的探索和社會性學習形態能產生最佳的結果？亞舒勒以所有交易者的投資報酬率爲縱軸，交易者之間的意念流動率爲橫軸畫圖，替我們找到了答案。所謂意念流動率，是指隨著個別用戶決定模仿另一些用戶，而他們又被另一些用戶模仿，新交易策略在社群網絡中傳播的速度。[12]

圖3顯示eToro社群網絡中，投資報酬率如何隨著意念流動率變化。圖中每一點代表所有eToro社群交易者一整天的平均表現，此圖呈現的資料，是基於總共近一千萬筆交易計算得出。橫軸顯示意念流動率，縱軸則是投資報酬率，數據經修正以剔除市場整體漲跌之影響。[13]

eToro 社群網絡中的意念流動率差異很大，一端是孤立的獨自交易者，另一端則是身陷「回音室」的交易者。比較兩端和中間狀態的投資報酬率，我們可清楚看到社會性學習有巨大影響。當社群網絡中的交易想法有適當的平衡和多樣性時，交易者的投資報酬率比獨自交易者高三〇%。[14]

在這個數位交易環境中，群眾智慧是居於孤立和羊群行爲（當社群網絡困在回音室中時）這兩個極端之間。這個中間區域是社會性學習，也就是模仿成功人士，產生眞正報酬的領域。在後面各章中，我們將看到這種群眾智慧出現在企業、城市和社會體制中的情況。

這種智慧效應並非出人意料：猿群[15]和人類小群體[16]均有這種效應的跡象，而電腦學習演算法網絡的模擬[17]和社會性學習的數學模型[18]也看得到這種效應。博士後學生艾瑞茲·史梅利（Erez Shmueli）、亞舒勒和我發現的是，社會性學習者群體會自發形成所謂的無尺度碎形網絡（scale-free fractal network），[19]在這種網絡中的聯繫有系統地比僅僅隨機的情況多樣，而且會隨著時間的推移，以無尺度碎形方式改變。[20]隨著學習者之間的聯繫形態達致理想狀態，整個群體的表現會大大改善，結果是學習的碎形舞動（fractal dance），將各種意念轉化爲智慧。

那麼，若以文字說明，意念流確切是什麼？意念在社群網絡中的傳播，類似流感的蔓延。感染流感的人每次接觸一個新的人，流感病毒均有一定機會傳染給這個新的人。如果兩人有很多互動，而且這個新的人容易受到流感病毒感染，則他很可能會感染流感。如果多數人都容易受到感染，則流感病毒最終將感染社群中的多數人。

意念的流動情況相似。社會性學習過程意味著如果展現行爲的人（模範）和一個新的人有很多互動，而這名新人容易受到影響，則新意念很可能將扎根並改變這名新人的行爲。新人易受影響的程度取決於幾個因素，包括模範與新人是否相似到新意念對後者有用、模範與新人之間是否有足夠的互信，以及新意念與之前學到的行爲是否足夠一致。因此，意念的流動有時可能相當緩慢，與廣告公司愛講的病毒式行銷（viral marketing）截然不同。[21]

因此，我們的意念流動指標——意念流動率，是一個新意念出現在某人的延伸社群網絡之後，當事人行爲改變的可能性。這很像在流感季節中感染流感的可能性，只是意念的傳播通常沒有流感的蔓延那麼廣、那麼快。事實上，一如接下來各章將指出，唯一能可靠地引發意念迅速傳播的方法，是運用社群網絡誘因。

意念流與決策

eToro 這個例子非常清楚地顯示，意念流動率是該社群網絡在決策策略的蒐集和去蕪存菁上表現有多好的一項關鍵指標。在隨後各章中，我們將看到，意念流動率還能用來預測生產力和創造性產出。

不過，單一個人可以如何提升自身所屬社群網絡的意念流動率？幸好有許多可行方式。卡內基美隆大學（Carnegie Mellon University）的鮑伯・凱利（Bob Kelly）一九八五年展開如今著名的「貝爾明星」（Bell Stars）研究。[22]首屈一指的研究實驗室貝爾實驗室，希望知道績效出衆者憑什麼超越表現平凡者，兩者的差別是源自天生的特質，抑或卓越績效是可以藉由學習取得的？貝爾實驗室已從世界上最負盛名的大學招攬了最傑出的學生，但最終只有少數幾位能脫穎而出，發揮出他們顯然豐厚的潛力。多數人成爲表現可靠的員工，但對美國電話電報公司（AT&T）的市場競爭優勢，並無顯著貢獻。

凱利發現，績效出衆者從事「預備式探索」（preparatory exploration），也就是預先與各種專家建立可靠的雙向關係，而這些關係未來將幫助他們完成關鍵任務。此外，績效出衆者的人脈網絡，與一般員工有兩方面的重要差異。首先，他們與自己網絡中的人保持較強的互動，因此在關鍵時刻往往能較快獲得有用的協助，所以很少會徒勞無功或走進死胡同裡。

第二，績效出衆者的人脈網絡比較多樣，而表現平凡者僅從自身職務的角度看世界，會一再重複同一套觀點。績效出衆者的人脈包括職務較多元的人，因此可以吸收到顧客、競爭者和管理階層的觀點。因爲能從多種角度看問題，他們可以研擬出較佳的解決方案。

也有一些方法，能幫助人們改變個人習慣以增加意念流動。二〇〇四年，博士生坦西姆・喬杜里（Tanzeem Choudhury）和我利用社會計量識別牌，追蹤四個研究小組中的互動，爲期兩週。我們爲每名研究對象蒐集了平均六十六小時、逐毫秒記錄的資料——有關社會計量識別牌的詳情，可參考附錄一〈現實探勘〉。[23]

我們發現，積極投入互動、創造更多互動式對話的人，對社群網絡中的意念流有較大的貢獻。[24]我發現，世界上生產力最強的人正是這樣：他們持續與其他人往來互動以汲取新意念，而這種探索式行爲能創造較佳的意念流。

意念流也取決於社會性學習和個人學習的結合。例如，當我們看到其他人奉行和自己相似的策略時，我們的信心往往會增強，很可能因此加碼押注相關策略。人的決定是個人資訊和社群資訊的結合，當個人資訊薄弱時，當事人往往會較仰賴社群資訊；在當事人感到不確定的情況下，社會性學習增強信心的效果會更大。[25]這是完全合理的，當我們不知道發生什麼事時，可以花更多時間觀察其他人的行爲，從中學習。

可惜，這也可能導致過度自信和團體迷思（groupthink），因爲只有當社群網絡中各人有不同的個人資訊時，社會性學習才可以提升決策品質。因此，當外來的資訊源，如雜誌、電視和電台等，變得太相似時，團體迷思便成爲眞實的危險。

同樣道理，當社群網絡中有回饋環路時，相同的想法會不斷流轉，一再出現。但因爲資訊口耳相傳時，通常會稍微改變，所以人們未必會發現，他們接觸到的是一再重複的相同觀點。我們很容易會相信所有人都是獨立得出類似策略，因此變得過度自信。這種過度自信的回音室效應，便是流行風潮和金融泡沫的根源之一。

這種回音室效應有時結果慘淡，一如多數金融泡沫或恐慌。圖2中黑點密集的回饋環路，事實上正是一種金融泡沫。原來是拉脫維亞有一名交易者長期表現優異，結果其他交易者都開始模仿他，而模仿者也成爲其他人的模仿對象，社會性學習悄悄但迅速製造出一個模仿那名拉脫維亞交易者的大型「組織」。

但因爲這些交易者無法看清整個社群聯繫網絡，所以並不知道自己其實全都是在模仿拉脫維亞的一名交易者，他們以爲自己是在模仿數名以某些方式獨立研擬出類似策略的不同「大師」。因爲相關策略似乎獲得很強的獨立支持，這些交易者變得過度自信；不幸的是，所有大師最終全都虧損。而對那些完全模仿那名拉脫維亞交易者的人來說，結果是場災難；泡沫總有破滅的時候。

調整網絡

因爲意念流受到社群網絡結構、人際間的社會影響力道，以及個人易受新意念影響的程度等變量影響，它還有另一項關鍵作用：它能可靠地預測改變這些變量，將如何改變網絡中所有人的表現。因此，我們便可利用這個以數學方式產生的意念流概念來調整社群網絡，以求改善決策品質和提升績效。

比方說，當意念流變得太稀薄、緩慢，或是太密集、迅速時，我們可以怎麼做？在 eToro 這個數位金融交易世界，我們發現可以藉由以小誘因或其他方式鼓勵個別用戶，來改變網絡中的意念流，令孤立的交易者增加與其他交易者的交流，令陷在回音室中的交易者減少小圈子中的交流，探索圈外的世界。

在一個以 eToro 交易者爲對象的實驗中，亞舒勒和我利用這個方法，成功地調整該社群網絡，使它保持在健康的群眾智慧領域，讓交易者有足夠多樣的社會性學習機會，免於陷入回音室中，導致社會性學習環路使相同想法無止境地流轉。因爲這樣的調整，我們得以提升所有社群交易者的績效逾六個百分點，令他們的獲利能力增加一倍。[26]

在這個例子中，我們的調整打破了回音室，減少了眼下熱門策略的重複流轉，賦予新策略興起的機會。藉由降低意念流動率以提升多樣性，我們將社群網絡調整回理想狀態，提升了交易者的平均績效。我們藉由控制意念流來調整網絡，使普通交易者——往往是當前金融體系中的輸家——變成贏家。如後面各章所述，好的意念流不僅是金融網絡中的財富，也是企業和城市中的財富。

這種網絡調整概念適用於許多不同類型的網絡，而非只是 eToro。我們在新聞記者的消息來源（可藉此判斷記者能否掌握新聞事件的所有面向）、財務控管（確保已考慮到詐欺的所有源頭）和廣告專案（確保抽樣調查能蒐集到足夠多樣的顧客意見）中，均看到相同的網絡結構。亞舒勒和我因此創建了一家名爲雅典娜智慧（Athena Wisdom）的公司，如今正在世界各地協助調整金融和決策網絡。

探索

eToro 和貝爾明星這兩個例子，良好說明了關係網絡如何決定現實中的決策品質。從這裡開始，當我使用「探索」一詞時，是指利用社群網絡獲得意念和資訊，探索是意念流中將新意念引進一個工作小組或社群的部分。有關探索，有三個重點要注意。

- **社會性學習至關緊要**：模仿別人的成功做法加上個人學習，效果遠勝於純粹的個人學習。當你的個人資訊不清楚時，應較爲仰賴社會性學習；當你的個人資訊很有力時，應減少仰賴社會性學習。這些例子也展現了優質決策的重要細節，觀察社群網絡可看到社會性學習的力量，增加人脈網絡的廣度和多樣性，可以提升找到最佳策略的機率。
- **多樣性很重要**：當所有人往同一方向走時，你的資訊和意念來源很可能不夠多樣，而你應當進一步探索。[27]社會性學習的一大危險是團體迷思，你可以如何避免陷入團體迷思和回音室？你必須比較社會性學習產生的建議和孤立的個人（他們只有外部的資訊來源）正在做的事。如果社會性學習產生的所謂「常識」，不過是孤立個體想法過度自信的版本，則你很可能是陷於團體迷思或回音室的處境中。在這種情況下，出人意表的好策略，是押注與常識相反的做法。事實上，對 eToro 的交易者來說，這種策略持續產生良好的報酬率，表現僅遜於頂尖的人類交易者。

- **反向操作者值得重視**：如果有人獨立行事，不受社會性學習的影響，那很可能是因為他們掌握獨立的資料，而且非常相信這些資料，以致他們認為值得對抗社會性學習所產生的影響。盡可能找出這種「智者」，向他們學習。不過，這些反向操作者有時確實有最好的見解，但有時只是想法古怪而已。那我們應該如何分辨？如果你能夠找到很多的獨立思考者，發現他們很大一部分人對某些事有共識，則奉行這種反向操作者共識是極好的交易策略。例如，在 eToro 網絡中，依照這種獨立策略的共識而行，可穩定產生頂尖人類交易者的兩倍報酬。

簡而言之，人就像一種意念處理機器，結合了個人想法和參考他人經驗的社會性學習。能否成功，很大程度上取決於你的探索品質，而你的探索品質則取決於你的資訊和意念來源的多樣性和獨立性。隨後各章將闡述同樣的探索過程，在組織、城市和社會整體的創造性產出中如何發揮關鍵作用。

不過，這些發現有個令人不安的涵義，便是我們高度連結的世界，可能正邁向意念過度流動的一種狀態。在滿是回音室的世界，流行風潮和恐慌是常態，想要做出好決策則變得困難得多。這意味著我們必須遠比以前注意自身的意念來自哪裡，並積極審視流行的觀點、追蹤反向觀點。我們可以建立幫助我們自動做這件事的軟體，但我們必須追蹤意念的出處才能這麼做。歷史較久的制度如版權，是追蹤意念流的初步努力，但我們需要更多一致和輕巧的機制。我將在最後兩章回到這個議題上，說明我們可以如何建立信任網絡系統，在保護個人隱私之餘允許意念充分流動。

最後，雖然我在這裡是以文字敘述我們的研究，這些研究工作的核心包括一些精密數學。亞舒勒、潘巍、董文和我建立了一些具體的公式，用來量化社會性學習和探索的過程，這些分析可用來找出從社群網絡中獲得意念和做出更好決策的最佳方法。利用這些公式，我們能可靠地預測各人將選擇怎麼做和得到什麼結果，相關處境包括企業（本書第二部分）、城市（第三部分）和整個國家（第四部分）。

這些公式是社會物理學的一個核心部分，對它們有興趣的讀者應閱讀第四章最後的單元「社會影響的數學」，以及本書附錄四〈數學〉。

3 意念流

集體智慧如何構成

爲什麼有些公司感覺活力充沛且富創造力，有些卻感覺倦怠停滯？爲什麼在某些公司，人人似乎非常忙碌，但公司卻毫無凝聚力或方向感？此類問題的標準答案，通常是某些公司的工作有趣或令人興奮，某些則是單調乏味；某些公司管理有方，某些則管理不善。

但我看到的卻不是這樣。我看到的是各公司有不同類型的意念流，它們從內部和外部學習的能力因此也各有不同。在每個個案中，我認爲興奮、無聊或狂熱，主要是與人際間的關係有多緊密或部門之間的隔閡有多深有關，而不在具體的管理技巧或工作性質。換句話說，如果我們想要好好地一起工作，就必須了解意念流動率或意念流動的障礙。

我將組織想成在意念河流中航行的一群人，他們有時在快速流動的清溪中航行，有時則遇上發臭的死水或恐怖的漩渦。有時候某些人的意念流會形成支流，使他們與其他人分開，走上新方向。在我看來，這便是社群和文化的真實故事，餘者只是表象和幻覺。

意念流是意念經由榜樣或故事在社群網絡中的傳播，而社群網絡可以是一家公司、一個家族或一座城市。這種意念的流動，對傳統乃至文化的發展至關緊要，它促進習慣和習俗在人與人和世代與世代之間的轉移。因爲參與這種意念的流動，我們得以學習新行爲，而不必冒個人實驗的危險或風險；得以承接大型的綜合行爲模式，而不必藉由費力的實驗逐漸建立這些模式。[1]

每個有凝聚力的社群都有自身的意念流，成員可藉此吸收其他成員的創意，甚至創造出不同的文化。這種「實踐社群」（communities of practice）的例子，包括中世紀盛行的工匠公會、現在的專業協會，甚至是上一章所述的 eToro 社群。

如第二章所述，適當的意念流能幫助群體中所有人做出優於獨自行動時的決策。拜這些共同習慣所賜，人類社群可發展出一種集體智慧，大於個別成員的智慧。集體智慧源自參與社群互動，彼此學習、彼此分享和檢視意念。

意念流仰賴社會性學習，而這其實正是社會物理學有用的原因：我們的行爲可以根據我們見識到哪些行爲榜樣來預測。事實上，人類確實非常仰賴從周遭意念中學習的能力，有些心理學家還因此將人類稱爲「有模仿能力者」（*Homo imitans*）。[2]我們藉由社會性學習，發展出一套共同習慣，幫助我們因應許多不同處境。人類日常生活的繁瑣細節，正是以習慣爲基礎，這些習慣的總和界定了我們的社會——我們靠左或右行車，早上六點或八點起床，用刀叉或筷子吃東西等。

這種社會性學習並非人類所獨有，其他靈長類動物如黑猩猩和紅毛猩猩，在野外也展現出某種行爲文化。舉例來說，採集食物上的創新，有時會傳遍整個猩猩群，而這種意念流結果使效率較高的採集食物新方法取代了相關的舊習慣。不過，即使這種意念流會促成習慣上的創新，這些靈長類動物的文化仍保持簡單和靜止狀態。

人類文化會成長而猩猩的文化則停滯不前，原因之一可能是我們不像猩猩，有時會選擇逆周遭的意念流而行、投入新的意念流。如第二章指出，當我們使用社群網絡探索和檢驗新意念時，更成功的新行爲便可能進入社群中，藉由從社群網絡中接觸到其他意念流獲得新意念，也就是跨過社會學家羅納德・伯特（Ronald Burt）所稱的社會中的「結構洞」（structural holes），我們可以創造出新事物。當我們選擇投入不同的意念流時，就可以養成新習慣和信念，有時它們能幫助我們做出更好的決策，使社群茁壯成長。[3]我認爲，我們可以將每條意念流視爲一種時間長河中的集體智慧，身處其中的所有人從彼此的經驗中學習，以求共同發現與周遭的物理和社會環境最相配的偏好形態和行爲習慣。

不過，這有違多數現代西方人的自我認知，他們認爲自己是理性的個體，知道自己想要什麼，並且自行決定採取行動以達成目標。就我們的偏好和行爲方法（理性止是由此界定）的來源而言，社群和個體自身是否有可能同樣重要？經濟學家假定人是理性的，但我們的集體理性程度，是否與個體理性程度相若？

習慣、偏好與好奇心

若想回答這個問題，我們必須進一步了解意念流的運作，也就是了解我們周遭的行爲榜樣最終如何成就我們自己的習慣、偏好和興趣。爲此，我展開名爲「社群演化」（Social Evolution）和「朋友與家人」（Friends and Family）兩項大數據的研究，蒐集涵蓋兩個社群所有成員、爲期逾兩年、近兩百萬個小時的互動數據。[4]詳情請參考本書附錄一〈現實探勘〉，相關論文、數據和圖表請見realitycommons.media.mit.edu。

習慣

我們的習慣是個人選擇的結果，還是源自我們周遭的意念流？我們知道，肥胖、吸菸和其他健康相關的個人情況受到社會性學習的影響，而社會支持是影響個人健康和福祉的一項關鍵因素。例如，佛明罕心臟研究（Framingham Heart Study）針對參與者的縱向研究顯示，社交互動對從肥胖到快樂等狀態的普及十分重要。[5]但是，這些研究對我們了解自己如何養成健康習慣幫助有限，因爲它們多數僅涵蓋朋友與家人，而且許多資料是稀疏和回顧式的，也就是當事人對相關事件稀稀落落的回憶，而不是大數據研究典型的即時、量化資料。

因此，爲了回答習慣如何形成的問題，我的研究小組以成員之間關係緊密的一個本科生宿舍爲對象，研究健康相關行爲的擴散達一年之久。在由博士生安莫爾・麥丹（Ammol Madan）和我領導，大衛・雷薩（David Lazer）教授幫忙設計實驗和分析數據的「社群演化」研究中，我們提供所有參與研究的學生智慧型手機，內置特別軟體以追蹤他們與好朋友和泛泛之交的社交互動。這項研究總共產生逾五十萬個小時的數據，涵蓋面對面的互動、電話交談和文字通訊，還有詳細的調查和體重測量。[6]這數百GB的資料，使我們得以檢視習慣如何形成。

其中，我們所關注的健康狀態之一是體重變化，我們也關注個人體重變化主要是受朋友或周遭同儕的行爲影響。對多數人來說，通常只有少數幾位同儕是朋友，多數同儕只是我們互動不多的泛泛之交。因爲同儕和朋友只是部分重疊的群組，這兩個群組的情況可能顯著不同。

我們發現，個人體重變化與接觸體重增加的同儕有非常強烈的關係，但與接觸體重減輕的同儕則關係不大。此外，與體重發生變化的好朋友社交互動並無顯著影響。我們檢視飲食習慣時，也發現類似情況：接觸同儕的影響至爲重要。

在體重變化的例子中，重要的不僅是直接的互動，關鍵在於與體重增加者行爲的全部接觸，包括直接互動和間接觀察。換句話說，有關其他人的行爲，偶然聽到的評論或隨意的觀察可以顯著影響意念流，一如較直接的互動如交談、電話通話或社群媒體互動，而且前者的影響有時甚至更大。意念流有時更仰賴看到別人的實際行爲，而非聽到別人說自己做了些什麼。

事實上，接觸個人周遭的行爲榜樣，比我們檢視的所有其他因素都重要得多。它比個人因素，如朋友的體重增幅、自己的性別、年齡、承受的壓力或快樂程度等都重要，影響甚至超過所有其他因素的總和。換句話說，接觸周遭行爲榜樣的影響，可媲美智商對標準考試成績的影響。

或許會有人想問：我們如何知道接觸周遭的行爲榜樣，眞的導致相關的意念流？兩者是否只是有相關關係？答案是在此實驗中，我們可以做出量化、時間同步（time-synchronized）的預測，其他非因果關係的解釋因此變得相當不可信。更具說服力的可能是我們能利用這種接觸與行爲之間的關係，預測數種不同處境下的結果，甚至是控制這種接觸以促成行爲變化。[7]最後，一些審愼的量化實驗室實驗也呈現類似效應，而且當中的因果關係是明確的。[8]

因此，我們似乎至少有一些習慣，是源自接觸同儕，而非只是朋友。當所有人都拿第二塊披薩時，我們很可能也會這麼做。這種接觸對意念流的影響，超過所有其他因素的總和，這項事實彰顯了無意識的社會性學習，對塑造我們的生活面貌至關緊要。

偏好

俗語說「入鄉隨俗」，我們可能會認爲，吃太多是我們自然學習周遭同儕行爲榜樣的結果。那麼，我們周遭的行爲榜樣又如何影響較爲理性、經過深思的信念和價值觀？

我們尤其關注政治傾向，大家如何決定投誰一票？我們的傾向是否也源自接觸周遭的人？我們在「社群演化」實驗中，分析學生在二〇〇八年美國總統選舉期間的政治觀點，嘗試回答這個問題。[9]我們當時的問題是：政治觀點是否反映人們所接觸的行爲？或者，它們主要是經由個人理性思考形成的？我們也提供這些學生特別設計的智慧型手機，追蹤他們和誰在一起、他們的通話紀錄，以及哪些人在相同地點消磨時間等，藉此監測他們的社交互動形態。

我們也問了學生大量問題，了解他們有多關注政治、他們的政治參與和政治傾向，並在選舉之後詢問他們投了什麼人一票。這場實驗總共得到逾五十萬個小時自動產生的有關互動形態的數據，我們結合有關學生信念、態度和個性等調查所得到的資料，來分析這些數據。

我們詳細分析這數百GB的資料，發現與觀點相近者接觸之多寡，能準確預測學生對總統選舉的關注程度，和他們在自由與保守兩極間的位置。我們看到非常明確的「共同意見效應」：接觸相近的觀點愈多，學生自身的觀點愈是極端。

但最重要的是，這意味著與觀點相近者接觸之多寡，也能預測學生最終的投票行爲。對一年級學生來說，這種社會接觸效應（social exposure effect）的強度，與上一節談到的體重增加例子相若；對理論上態度較固定的高年級學生來說，這種效應相對薄弱一些，但仍然相當顯著。

那麼，有哪些因素不能預測投票行爲？朋友的觀點，以及一起討論政治者的觀點。一如體重增加的情況，影響意念流和塑造意見最強大的力量是周遭同儕的行爲，也就是圍繞著當事人的行爲榜樣。值得重申的是，重要的不僅是有多少直接互動，關鍵在於接觸其他人的陳述和態度的密集程度，包括交談這種直接互動和偶然觀察這種間接互動。無意中聽到的評論和對其他人行爲的觀察，均能有效影響意念流。

這個案例的情況較爲複雜，因爲當政治成爲較重要的討論議題時，如在總統候選人電視辯論前夕，參與實驗的學生會換一些人作伴。如果他們持保守的政治觀點，就會避免到自由派泛泛之交常去的地方；如果他們傾向支持自由派，就會避免到保守派聚集的地方。[10]

令人欣慰的是，個人偏好至少有一些作用：學生選擇與哪些人作伴，看來很可能是基於他們對那些人隨口而出的評論和意見是否感到自在。這種選擇性的接觸，會鞏固他們的政治觀點。他們一旦選定一邊，不斷接觸類似觀念將持續塑造他們的思想，使他們最終成爲眞正的信徒。諾貝爾經濟學獎得主丹尼爾・康納曼（Daniel Kahneman）可能會這麼說：我們可以自覺地理性思考投入哪一條意念流，但我們的習慣和信念，會不自覺地因爲接觸那些意念而受到影響。

新意念和資訊

在飲食習慣和政治傾向的例子中，我們看到直接或間接的接觸，是影響習慣和偏好養成的主要因素。就政治觀點而言，選擇與相處感覺舒服的人作伴，等同選擇投入會鞏固自身信念和習慣的意念流。

那我們尋求新意念和資訊的情況又是如何？我們的好奇心和興趣是源自我們自己的個人選擇，還是我們周遭的人？若是後者，則仰賴社群共識的不僅是選擇和採納新行爲的過程，還包括意念流的根源。爲了了解意念發現的過程，博士生潘巍、納德夫・阿哈龍尼（Nadav Aharony）和我藉由「朋友與家人」這項研究，監測某個年輕家庭社群選用智慧型手機應用程式的情況。[11]我們同樣提供這個社群所有成年人智慧型手機，內置特別軟體以記錄他們的通話、電子郵件和文字通訊情況，以及誰是他們社群媒體上的活躍朋友、誰與誰相見作伴，以及他們在哪裡消磨時間等。

爲了評估應用程式的下載行爲，我們監測他們在智慧型手機上下載了哪些應用程式，因此得以了解他們選擇了哪些工具、遊戲和資訊來源。這些智慧型手機總共產生了逾一五〇萬個小時的自動記錄數據，包括參與者的應用程式下載和人際互動形態。此外，我們蒐集有關他們的信念、態度、個性和其他特徵的數以百計的調查資料。[12]

相關應用程式的下載資料，使我們得以檢視這些選擇的決策環境。我們可以檢視這些資料，了解相關選擇是獨立的決定、廣告驅使的決定，還是接觸（也就是與已下載應用程式者互動）驅使的決定。

同樣地，我們分析這場實驗產生的數百GB資料，先驗證標準的社會學理論：特徵（如年齡、性別、宗教、職業等）相近的人傾向下載類似的應用程式。但是，用這種「類似效應」來預測當事人下載哪些應用程式的準確率只有約一二%。相對之下，如果我們分析實驗參與者所有管道的接觸，包括交談和偶然觀察的面對面互動、電話通話和社群媒體互動等，則預測準確率可以高四倍。因此，即使這個例子看來明確屬於自覺決策的領域，與周遭同儕行爲的接觸仍具有壓倒性的預測能力。一如新習慣的形成，新意念和資訊的尋求，看來也是主要受社會接觸所影響。

在線上處境下的發現流程，似乎也受同類型的機制引導。舉例來說，在發表於公共科學圖書館（Public Library of Science）備受重視的期刊 *PLOS ONE* 的這個實驗中，[13]我們檢視了一個線上文化市集的資料，該市集有一萬四千名用戶互動，下載數位音樂。[14]一如典型的類似網站，較受歡迎的歌曲會優先列出，每首歌的下載次數也會顯示出來，雖然該網站曾試用數種不同的設計。一如前面闡述過的應用程式下載例子，我們發現簡單的社會影響統計模型，可以相當準確地解釋用戶的行爲。用戶選擇下載哪些歌曲，事實上是受線上社群影響主導，如歌曲的排名和下載次數等。

不過，應用程式和音樂下載的例子，與健康習慣或政治傾向不同。在前兩個例子中，我們可以相當準確地預測人們選擇體驗、瀏覽哪些應用程式和音樂，但無法預測他們實際上使用或購買些什麼。社會接觸的影響是資訊性（informational）而非規範性（normative）的，這種接觸引導用戶尋找新的應用程式或音樂，但他們選擇的應用程式或音樂，往往不會變成一種習慣。

重點摘要

在健康習慣、政治傾向和消費行爲這三個例子中，與同儕行爲的直接和間接接觸是主導意念流的因素。接觸同儕行爲的影響之大，與基因對行爲的影響和智商對學業成績的影響相若。此外，在這三個例子中，與同儕行爲的接觸，看來是驅動意念流的最大單一因素。

這可能是因爲向周遭的行爲榜樣學習，遠比僅靠自己摸索要有效率。有關在複雜環境中學習的數學模型顯示，最佳學習策略是花九〇%的精力在探索上，也就是尋找並模仿看似成功的行爲榜樣。[15]餘下的一〇%，則應該用在個人實驗和思考上。[16]

這當中的道理很簡單：如果有人已經投入精力學到一些有用的行爲，模仿這些行爲要比自己從頭開始摸索來得容易。舉個簡單的例子，當我們必須使用一套新的電腦系統時，如果我們可以觀察已經學會使用該系統的人實際操作，爲什麼要去閱讀使用手冊呢？人們壓倒性地傾向仰賴社會性學習，並且因此提升效率。

下列這項發現有重要的意義：人們會爲了改變自己接觸的行爲，而選擇改變自己身處的環境。解釋前述種種發現的說法之一，是人們愈是渴望向某群同儕學習、愈想成爲該群體的一員，就會花愈多時間與他們爲伍。

社會接觸主導意念流的力量，可以用來促成有益的行爲變化。例如，以團隊爲基礎的減重計劃，如「體重監督」（Weight Watchers）公司和風靡全美的眞人秀節目《超級減肥王》（*The Biggest Loser*）能夠成功，一大原因很可能在於以接觸爲基礎的類似機制。

如史丹利．米爾格倫（Stanley Milgram）有關「社會從衆現象」（social conformity）的研究證明，當我們的同儕都在做同樣的事時，無論他們是在增肥還是減重，甚至是在做一些離譜的事，例如電擊別人等，這種行爲榜樣的一致性，會強烈影響我們的不自覺習慣和自覺決定。許多評論者注意到，社會影響的力量可以引導我們做好事或壞事，而且它對我們的行爲影響大到令人難以置信。下一章將談到我們可以如何利用社群網絡誘因去改變自己接觸的事物，藉此利用這種力量來塑造意念流。事實上，我們將看到，如果想改變人們的行爲，藉由社群網絡誘因改變意念流，遠比利用個人誘因的傳統方法有效。

習慣與信念

「社群演化」和「朋友與家人」這兩項研究，將人類描繪爲「航行者」（sailors）。我們全都航行在意念流之中，意念是我們周遭同儕的榜樣和故事，與意念流的接觸塑造了我們的習慣和信念。我們可以嘗試抗拒這種意念的流動，甚至選擇划進其他的意念流，但我們的行爲主要是自己接觸的意念塑造出來的。這種意念流將我們綁進一種集體智慧，而這種智慧由我們同儕共有的學識構成。

然而，對多數人來說，這種局面是令人不安的。我們的原則去了哪裡？我們的道德去了哪裡？我們的理性思考和信念體系去了哪裡？爲了了解理性在意念流中的作用，我們必須釐清和分析習慣與信念如何產生這個複雜問題。

這個問題的一個關鍵部分，可參考心理學家康納曼和人工智慧先驅赫伯特・西蒙（Herb Simon）的研究，兩人均是諾貝爾經濟學獎得主。[17] 如圖 4 顯示，他們都認爲人類大腦有兩種思維方式：一種是自動和基本上不自覺的「快思」模式，另一種是推理和基本上自覺的「慢想」模式。[18] 簡而言之，快思模式主導我們的習慣和直覺，主要利用源自自身經歷和觀察他人的種種意念之間的關係。慢想模式則是利用推理，結合我們的信念以求達成新結論。相關

	快思（系統 1）	慢想（系統 2）
過程	快速 平行式 自動的 基於聯想	緩慢 序列式 受控制的 基於規則
內容	概念表述過去、現在、未來 可由語言喚起	

圖 4 改編自康納曼的諾貝爾獎演說：人類有兩種思維方式：一種是基於聯想和經驗的較古老能力（快思模式），另一種是基於專注和依規則思考、較晚發展出來的能力（慢想模式）。

詳情，請參考本書附錄三〈快思慢想與自由意志〉。

在許多情況下，快思優於慢想，這點令許多人感到驚訝。[19]當問題複雜且涉及不同目標之折中時，快思中使用的聯想機制，通常勝過較緩慢的推理機制。當我們必須在有限時間內做出決定時，情況尤其如此。許多科學家因此認爲，我們絕大多數的日常行爲是仰賴快思——我們根本沒有時間藉由慢想將事情想通透。

有趣的是，快思對創造健康的社會，似乎也有重要的作用。心理研究已證明，相對於經過深思、緩慢做出的決定，人們的快速判斷較爲利他和樂於合作。[20]有許多例子，包括波士頓馬拉松發生炸彈攻擊後觀眾的反應，以及日前奧克拉荷馬州龍捲風肆虐後街坊的反應，都顯示人性中核心的快思特質對建立強健的社群有重要作用。

雖然我們可以做一些高層次的自覺決定去從事某些活動，有許多活動的本身是我們非常熟練、自然而然的，它們受到快思主導，基本上不占用我們的注意力。當我們對一項活動非常熟練時，如當我們做生活中的例行公事、與別人閒聊、開車或騎腳踏車時，人類生活的自動性質至爲明顯。因爲當我們從事這些習以爲常的活動時，根本就處於「自動運作」的狀態，如果有人要我們說明自己確切做了些什麼或是爲什麼做這些事，我們往往會覺得爲難。

那麼，快思和慢想與意念流和集體理性有何關係？答案是：這兩種思考方式的學習過程不同，它們在日常生活中的應用也不同，而這些差異對了解社群如何建立集體智慧相當重要。

如果是事實信念，例如「晚餐在傍晚七點開始」，接觸一名信任的同儕一次通常便足以使當事人相信相關事實。相對之下，要改變習以爲常的行爲、偏好和興趣，則通常需要短時間內多次接觸相關行爲榜樣。比方說，如果一個工作團隊中，幾乎人人都開始改喝綠茶、不喝咖啡，則其餘的人也很可能會養成喝綠茶的習慣。我們通常需要多次看到一項新行爲有好結果，例如獲得社會的認可，才會願意接受它成爲自己的新習慣。

我的多項實驗顯示，人類的持續性探索行爲是一種快速學習過程，受相關事物在同儕中的流行程度引導。相對之下，習慣和偏好的採納則是一個緩慢的過程，需要再三接觸相關行為榜樣和同儕社群中的感知確認（perceptual validation）。在我們的社群世界中，探索活動帶來令人興奮的大量新意念，然後是較安靜、緩慢的同儕接觸過程，我們藉由這些過程檢視、篩選意念，以決定哪些意念應轉化為個人習慣和社會規範。

假以時日，我們便發展出一套應對許多不同處境的共同習慣，而這些大致自動運作的習慣，便構成我們絕大多數的日常行為。如諾貝爾經濟學獎得主西蒙所言，我們的行為習慣負責處理日常生活中的所有瑣事，我們的理性、自覺思考則是管理這些行為習慣的程式，一如電腦程式會有負責常見運算工作的多個副程式。

集體理性，而非個別理性

十八世紀末，哲學家開始宣稱人類是理性的個體。許多人對自己被視為理性的獨特個體受寵若驚，相關觀念很快便潛入西方上層階級幾乎所有人的信仰體系。雖然遭遇教會和政權的抵制，這種理性個體的觀念取代了眞理僅來自上帝和君主的假定。隨著時間的推移，理性和個人主義觀念改變了西方知識分子的整個信仰體系，而這種觀念如今也正在改變其他文化的信仰體系。

如本書迄今所指出的，新資料正在改變這種觀念，我們開始認識到，社會情境左右人類行爲的力量，可媲美理性思考或個人欲望。當經濟學家使用「理性」一詞時，是指我們知道自己想要什麼，而且會用行動去實現自己的目標。但在我看來，我的研究顯示，人們的欲望和行動抉擇往往受社群網絡效應主導，而且這可能是典型的情況。

近來，經濟學家已開始轉向「有限理性」（bounded rationality）的觀念，也就是認爲人有偏見和認知上的局限，因此無法達到完全理性的狀態。然而，我們對社交互動的仰賴，並非只是一種偏見或認知局限，如第二章所指出的，社會性學習是增強個人決策能力的重要方法。下一章則將指出，社會影響對建立促成合作行爲的社會規範至關緊要。對於我們的生存和發展能力，社會性學習和社會影響的貢獻至少不低於個人理性。

這些資料告訴我們，我們想要什麼、重視什麼，以及我們選擇如何滿足自己的渴望，是我們與其他人互動的結果，而這些結果是持續演變的。我們的渴望與偏好，主要是基於我們的同儕社群重視什麼，而不是基於直接針對個人生理欲望和固有道德的理性深思。[21]舉例來說，美國經濟二〇〇八年陷入大衰退之後，許多房屋的價值崩跌至低於房貸餘額，研究人員發現，一個社區中只要有幾個家庭捨棄房子、丟下房貸不理，許多鄰居就會有樣學樣。[22]故意的房貸違約，以前被視爲幾乎是可恥或不道德的，但忽然間變得相當常見。借用經濟學的說法，我們在多數事情上是「集體理性」（collectively rational），只有在某些事情上是「個別理性」（individually rational）。

常識

社群的集體智慧源自意念流，我們從周遭的意念中學習，別人也向我們學習。假以時日，成員積極往來互動的社群，會創造出一套共有、綜合的習慣和信念。當意念流能持續吸收外來意念時，社群中的成員通常能做出較好的決策。

社群發展出集體智慧是個古老的概念，這個概念事實上就藏在英文之中，例如「kith」這個單字，現代人是因爲「kith and kin」（朋友和親屬）這個詞組而熟悉它，但「kith」源自古英文和古德文單詞，是指一個有共同信念和習俗，多少具有凝聚力的群體。至於另一個單字「couth」（文雅、有知識），以及較多人熟悉的「uncouth」（粗野、無教養），也有相同的根源。因此，我們的「kith」，是我們學習「正確」行爲習慣的同儕圈子，不只包括朋友。

我們的祖先知道我們的文化和社會習慣均是社會契約，兩者皆主要仰賴社會性學習。因此，我們的公共信念和習慣，主要是靠觀察同儕的態度、行爲和結果學習得來，而不是靠推理或論證得來。認識和鞏固這種社會契約，使一個群體能有效協調成員的行動。

因此，儘管現在的社會傾向歌頌個人，我們的決定絕大多數是常識塑造出來的，而常識是我們與同儕共有的習慣和信念，這些共同習慣是社群成員互動塑造出來的。我們觀察和模仿同儕的常見行爲，便幾乎自動學到常識。我們自動在派對上舉止禮貌、在工作時態度恭敬、在公共交通工具上克制自持，便是拜這些共同的偏好和決策機制所賜。[23]社群成功所仰賴的智慧，是社群中的意念流創造出來的。

4 參與

群體可以如何合作？

在前兩章中，我探討了意念從何而來，以及它們如何轉化爲行爲，包括共同習慣等。但群體合作的能力，並非僅限於社群中的簡單意念流，群體成員還必須達成協議，同步採納相容的行爲。合作需要的，也不僅是共同習慣，它需要能促成合作的習慣，我們也必須了解可以如何促成人們合作。我們可以如何採納緊密配合的行爲習慣，像許多小塊拼成一個完整圖案那樣，使許多人爲共同目標努力？

群體合作的能力，比人類的歷史還古老。舉例來說，山地大猩猩便是以呼叫示意的方法，來決定何時結束午睡。[1]當群體中所有猩猩的叫聲都已聽到，而且聲音達到一定的強度時，午睡便宣告結束。中南美洲捲尾猴也是利用啼聲，以合作的方式決定猴群何時移動和移往哪裡。[2]猴群邊緣的猴子最常發出啼聲，鼓勵其他猴子選擇牠們發現的路徑，其他猴子則響應啼聲以協調整個猴群的行動。

在許多動物和幾乎所有靈長類動物中，類似的社群決策形態相當常見。示意機制各有不同，有時是利用聲音，有時是利用身體姿勢或頭部動作，但決策過程的結構大致相同：示意和招募的週期一再重複，直到出現臨界點，所有成員均接受群體已達成共識。[3] 一些演化學者認爲，這種「社群表決」程序可能是群體動物最常見的決策方式，部分原因在於它能非常有效地反映群體所有成員的成本效益折中。此外，這種產生共識的程序，往往能夠避免極端決定，因此較可能爲整個群體所接受。

同類形態也出現在人類的組織中，前述提及凱利的「貝爾明星」研究，檢視貝爾實驗室中表現平凡者和績效出眾者的差異，研究人員發現，績效出眾者就是鼓勵工作團隊以前述社群表決方式運作。[4] 表現平凡者認爲，團隊合作意味著各盡本分，但績效出眾者有不同想法，會促使團隊所有人共同設定目標，共同承擔團隊承諾、工作活動、日程安排，並共享團隊的成就。也就是說，績效出眾者使所有人覺得自己是團隊的一部分，藉此促成同步一致的意念流，並致力凝聚有力的共識，使所有人願意接受新構想。

群體中意念流的同步和一致極其重要，當絕大多數成員看來已樂於採納一個新構想時，連懷疑者也會被說服。令人驚訝的是，當人們彼此配合、同步做一些事，例如一起划船、一起跳舞等，人的身體會釋放天然麻醉劑腦內啡（endorphins），以愉悅的快感獎勵參與團隊合作的人。[5]

商業研究也顯示，這種所有團隊成員間再三合作互動的參與及投入，可以提升群體的福祉，[6]促進有利於企業結盟的可信賴合作行爲。[7]如今遍布開發中國家的微型貸款機構，如著名的鄉村銀行（Grameen Bank），有力的社群參與是它們成功的關鍵因素，因爲這種參與大大提升了借款人償還貸款的可能性。[8]

最近一個利用臉書所做的實驗，則揭示了線上數位世界社群參與有意思的另一方面。實驗結果相當簡單，就連我們的祖母也能猜到，卻生動說明了社群參與的力量。二〇一〇年美國國會選舉期間，一群來自臉書和加州大學聖地牙哥分校（University of California, San Diego）的科學家，在詹姆斯．福勒（James Fowler）的領導下做了一個大型實驗。他們向六千一百萬名臉書用戶發出「出去投票」的訊息，然後分析不同類型訊息的作用。

有些臉書用戶僅收到一個簡單的「出去投票」訊息，研究人員發現，這種訊息直接影響數百萬人的政治自我表達、資訊尋求，以及現實中的投票行爲。不過，這種訊息影響投票行爲的程度，小得令人失望。其他臉書用戶除了收到「投票」訊息外，還會看到已投票朋友的臉，而顯示用戶熟悉的面孔大大增強了動員訊息的效果。但我們的祖母其實早就知道，社會影響幾乎都發生在有面對面互動關係的親近朋友之間。

現實世界中的朋友，與關係純粹僅限於臉書的臉友是不一樣的。研究人員發現，親近朋友能動員的投票者，比動員訊息本身多四倍。事實上，他們的研究結果顯示，每個投票行爲在親近朋友圈中傳播，平均可促使三個人去投票。

社會壓力

這是怎麼回事？親近朋友圈子的動員能力，爲什麼遠大於單純的臉書訊息？在其他情況下，我們能如何利用這種效應，動員人們一致行動？前述的臉書投票實驗顯示，資訊本身的動員作用其實相當弱；另一方面，猩猩群和貝爾明星的例子顯示，看到同儕採納新構想能非常有力地激勵我們投入其中，與社群其他成員合作。

有愈來愈多證據顯示，社群參與的力量，也就是社群成員間直接、有力、正面的互動，對促進可靠的合作行爲至關緊要。例如，在演化生物學中，直接和網絡相互作用與群擇（group selection）等機制，均是仰賴互動的在地性發揮作用。[9]當人們在小群體中互動時，懲罰或獎勵同儕的能力，對促進可靠的合作行爲非常有效。[10]

那麼，既然有力的社會聯繫，可以動員人們採取行動，我們可以如何善用這種力量？標準的經濟誘因不得要領，因爲它們視人類爲理性的個別行動者，而不是受社會聯繫影響的社會性生物。此外，有力的證據顯示，經濟誘因根本就不是那麼有效。[11]但社會物理學告訴我們，還有另一種方法，那就是針對人們的社群網絡提供誘因，而非提供經濟誘因或相關資訊以試圖改變個別人士的行爲。

如我們在《自然》（*Nature*）出版集團旗下刊物《科學報告》（*Scientific Reports*）中指出，博士生安克．曼尼（Ankur Mani）、來自阿拉伯聯合大公國馬斯達爾理工學院（Masdar Institute）的伊亞德．拉萬（Iyad Rahwan）和我，用數學方式解答了如何善用社群網絡誘因促進合作，藉此激勵人們的問題。[12]這種誘因藉由製造社會壓力來改變意念流，增進圍繞著具體目標意念的互動，因而提升人們將這些意念融入行爲的可能性。

爲了在現實中檢驗這項理論，我決定在前一章提到的「朋友與家人」社群中，研究如何鼓勵人們增加活動量。在波士頓嚴寒的冬季，人們傾向留在室內減少活動量，鼓勵人們增加活動量相當困難。這樣當然不利於他們的整體健康，而更糟的是，減少活動的習慣將會傾向持續下去，即使天氣改善了，人們也難以恢復先前的活動量。這也是一種「公地悲劇」（tragedy of the commons）的問題：少數人的不健康行爲，可能導致整個社群的醫療成本上升。

阿哈龍尼和我爲此動用「朋友與家人」研究中的 FunFit 社群網絡誘因系統，嘗試藉此鼓勵這個社群中的人保持活躍。在這個圈子中，人人皆獲分配兩名夥伴，有些人獲分配的夥伴是他們經常互動的人，有些人的夥伴則只是泛泛之交。因爲社群中幾乎人人參與此事，所以每個參加者也是另一些人的夥伴，因此人人皆有機會嘗試改變別人的行爲，同時也成爲別人嘗試改變的目標。

如圖 5 顯示，運用 FunFit 的第一步，是在既有的社群網絡中，創造出以每一名目標人

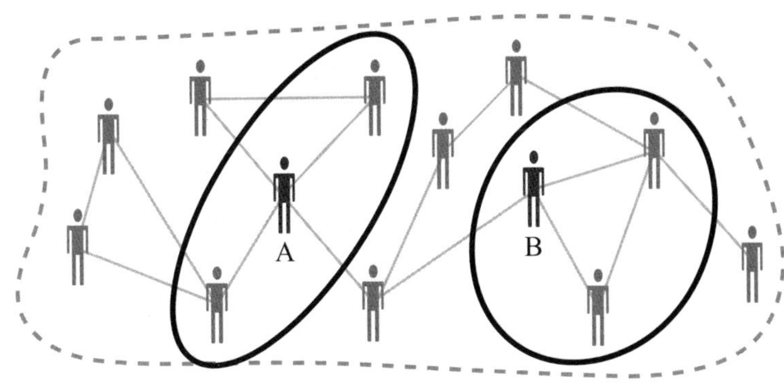

圖5 我們將好行爲的誘因，限制在密切互動的群組中（深色橢圓形中的社會聯繫），藉此對目標人物施加社會壓力。這個方法是有效的。

物爲中心的群組。群組的成員被稱爲「夥伴」（圖5中的淺灰人），視目標人物（圖5中深灰人A與B）過去三天的行爲而定，夥伴可獲得小額現金獎勵。這個安排提供誘因給與目標人物互動最多的人，當目標人物的行爲改善時，獲得獎勵的是這些夥伴，而非目標人物自身，藉此製造出增加活動量的社會壓力。換句話說，我們的社群網絡誘因促進以增加活動量爲主題的社群參與，增強團隊成員間的再三合作互動。

我們利用智慧型手機內置的加速感測器，測量整個社群的活動量。FunFit不同於典型的社會科學實驗，它發生在現實世界中，受日常生活的種種狀況影響。此外，我們蒐集了數十萬小時和數百GB的背景資料，因此可以回顧整個過程，檢視哪些因素產生最大影響。

我們發現，社群網絡誘因的效果，平均接近傳統個人誘因的四倍。[13]單就與目標人物互動密切的夥伴而言，社群網絡誘因的效果，幾乎是標準個人誘因的八倍。[14]

更好的是，社群網絡誘因效果持久。[15]受社群網絡誘因激勵的人，在這些誘因消失後，往往會維持較高的活動量。這些輕量但集中的社群網絡誘因，在社群中創造出改變行爲的社會壓力，藉此產生圍繞著較健康新行爲習慣的社群參與。

了解社會聯繫的力量之後，博士後研究生史梅利、畢維克·辛格（Vivek Singh）和我的下列發現，或許就不大令人意外了：與夥伴的直接互動次數，能相當準確地預測當事人的行爲將出現多大的改變。[16]換句話說，直接互動的次數能十分準確地反映社群成員彼此施加的社會壓力強度。[17]此外，互動的次數也能預測在實驗結束後，當事人將在多大程度上維持較健康的新行爲。

此外，兩人之間直接互動的次數，能夠預測他們聲稱的互信程度，而且準確性高得出人意表。[18]也就是說，兩人之間的直接互動次數，既能預測他們之間的互信程度，也能預測同儕壓力的效力。

促進合作的社會物理學方法，是利用社群網絡誘因，而非利用個人經濟誘因或提供額外資訊。我們專注改變社群成員之間的聯繫，而非嘗試使他們個別地改變行爲。這當中的道理很清楚：因爲社群成員之間的交流，對他們有很大的價值，所以我們可以利用這種交流，產生促進改變的社會壓力。社群參與將人們導向合作行爲。

社群網絡誘因圍繞著尋找合作行爲的問題產生社會壓力，促使人們藉由試驗尋找更好的行爲，藉此發揮作用。這種誘因所產生的社會壓力有多大，取決於個人行爲、關係的價值和互動數量之間的錯配之代價。這意味著社群網絡誘因若要發揮最大效果，必須聚焦於社會聯繫最強、與別人互動最密切的人。

數位參與

在這個以數位方式相連結的新時代，我們必須利用數位社群媒體促使人們合作。事情有時順利，有時則看來不成功，我們可以如何改善數位世界的社群參與？

爲了了解可行的方式，接下來我們來看看稱爲「同儕相見」（Peer See）的 FunFit 變奏版。這個實驗旨在複製臉書投票實驗的條件，也就是利用同儕比較促進合作。在這個實驗中，我們不僅獎勵保持活躍的當事人（標準的經濟誘因），還讓他們在線上看到他們夥伴的表現——這是一種社群網絡誘因，當人們彼此競爭時會有效。

我們發現，這種結合經濟和社群誘因的同儕相見方法，效果是僅提供標準經濟誘因（不含任何社群元素）的兩倍。看到夥伴表現所產生的社會壓力，使財務誘因的效果增加一倍。

這個例子有助我們了解，面對面的關係爲何在臉書投票實驗中那麼重要。一如「同儕相見」實驗中的社群誘因，知道相熟的朋友已經投票所產生的社會壓力，足以促使人們出門投票。鼓勵人出門去投票的臉書訊息本身效果不大，但因爲這個訊息去投票的少數幾個人，卻在相熟的朋友圈中引發一連串的投票行爲，爲什麼這種效果集中在相熟的朋友身上？這是因爲社會壓力取決於關係有多強和互動有多密切。純粹的臉友與現實中相熟的朋友是根本不同的，這是我們的祖母早就知道的事。

下面再舉一個結合社會壓力和數位網絡的例子。在節約能源的實驗中，曼尼、拉萬和我，以及我們在瑞士蘇黎世聯邦理工學院（ETH Zürich）的同儕克萊爾・瑪麗・洛克（Claire-Marie Loock）、索斯頓・史戴克（Thorston Staake）和艾爾加・佛萊奇（Elgar Fleisch）與電力公司合作，鼓勵瑞士某個地區全體家庭節約用電。[19]

在第一個實驗中，屋主會收到意見反饋，顯示他們的用電量與別人的平均用電量相較的情況。當比較基準是瑞士全體國民時，這種反饋幾乎完全無效，大家的用電量基本不變。當比較的基準是屋主的鄰居時，效果會好一些。這代表屋主覺得自己與相較的人有多接近是有關係的，這是一種社群網絡效應：當事人若覺得自己與某群人的關係相當密切，就會比較信任這群人，而這群人能施加的社會壓力也會變得比較大。

這些結果暗示我們，應該嘗試基於社會物理學的方法。因此，我們與蘇黎世聯邦理工學院的同儕合作，在電力公司的網頁上建立數位社群網絡，以小額獎勵來鼓勵他們組成在地夥伴群體。一如 FunFit 實驗，這個夥伴網絡使用社群網絡誘因，而非標準的經濟誘因：因爲屋主省電而獲得獎勵的是屋主的夥伴，而非屋主本身。

這種社群網絡誘因促使用電量減少一七%，效果是以前節能運動最佳結果的兩倍，是典型的節能運動的四倍以上。[20]一如FunFit實驗，動用周遭的社會聯繫能夠最有效地促成行為改變。

同樣的數位加面對面互動形式，也發生在使用社群媒體的公司中。這種參與形態對跨洲和跨時區的組織特別有意義，因為這種組織的員工在許多情況下，主要是利用數位社群網絡、電子郵件和簡訊互動。因為這些媒體無法傳遞面對面互動的全部訊息，甚至比聲音互動還不如，企業失望地發現它們支援的社群參與，往往明顯不足以建立高效的工作團隊。相關討論，請參考第九章的最後單元「數位網絡vs.面對面互動」和第七章的最後單元「社交訊號」。

商界顯然有必要增強這些數位網絡的效能。為了研究這個問題，兩位博士生伊夫·亞歷山卓·蒙如耶（Yves-Alexandre de Montjoye）、卡梅麗雅·思蒙（Camelia Simoiu）和我，檢視了超過一千家公司內部數位社群網絡的成長情況和效能。[21]我們分析每個網絡數以百萬計的邀請、按讚數和貼文，平均觀察一年時間，尋找其中有意義的形態。

我們的發現出人意表：數位社群網絡若是以爆發性參與程度的方式成長，網絡最終的效能會遠高於逐漸成長的網絡。員工若是在短時間內，密集收到加入公司數位社群網絡的邀請，他們加入並使用網絡的可能性，遠高於同樣數目的邀請分開在一段較長時間內收到的情況。在沒有爆發性參與的公司，很少人會加入公司的數位社群網絡，而數位社群參與的情況只會愈來愈差。一如「貝爾明星」實驗顯示，在人們看到別人蜂擁採納一項新行爲之前，多數社群成員將不大願意跟隨別人的做法。

參與活動的爆發，是源自上司敦促員工使用數位網絡，或是源自日常工作的期限，看來並不重要。因爲一如臉書投票試驗顯示，眞正促使人們合作的是社會壓力，所以誰邀請誰加入、使用數位社群網絡至爲重要。如果邀請是來自已曾定期交流的人，尤其如果他們屬於同一個工作團隊的話，那麼這種邀請遠比關係較薄弱的人所發的邀請有效。

事實上，如果一個人在半小時內收到超過三個加入網絡的邀請，而且這些邀請是來自與自己和自己所屬的工作團隊有互動的人，則收到邀請者幾乎肯定會加入並嘗試使用數位社群網絡。相對之下，如果邀請是來自與自己和自己所屬的工作團隊並無互動的人，那麼即使在半小時內收到多達十二次邀請，其效果仍然相對小得多。

如果我們將使用一項數位新工具視爲習慣的改變，則前述形態完全是我們會預期的。回想第三章有關「快思慢想」的議論：如果想要有效地改變習慣，必須在短時間內看到信任的同儕，成功應用或推薦一個新構想的幾個事例。如果想要員工養成在公司內使用新社群網絡的習慣，公司必須創造一個豐富的社會性學習環境，讓員工看到他們信任的同儕使用新網絡的許多例子。但因爲多數數位社群媒體是非同步的，要讓員工頻繁接觸到這種同儕榜樣往往相當困難。一如臉書投票實驗顯示，數位社群媒體的應用，通常是透過面對面關係網絡而普及，而非僅靠數位網絡。

這一千家公司的資料顯示，利用社群網絡誘因，是推動人們採用一項新數位工具的好方法。比方說，公司可以根據一名員工的「同事」，在工作中多常使用公司的社群網絡來獎勵這名員工。這種誘因會產生使用網絡的社群壓力，有機會啓動一個過程，使員工逐漸養成使用網絡的新習慣。

所以，前述這組實驗的結論是：社群參與——再三的合作互動——可以建立互信並提升關係的價值，爲促成合作行爲所需要的社會壓力奠立基礎；也就是說，社群參與建構文化。此外，我們也證明了社群網絡誘因能夠加快這個過程，而且往往遠比使用個人誘因有效。

既然如此，企業爲何不更加倚賴社群網絡誘因？部分原因可能在於，社群誘因看來像純粹「感覺良好」的含糊策略，而不是可靠的管理工具。結果，企業經理人使用的典型社群誘因，如獎勵「當月最佳員工」等，往往與眞實的社群關係無關，因此感覺彆扭虛假。

不過，這一切可以靠應用社會物理學改變，因爲社會物理學提供一種新的實用方法，具體說明如何促成更多合作行爲，進而改善所有人的處境。社會物理學賦予我們新的成本效益公式，告訴我們如何運用比經濟誘因更有效的工具，打開促進合作的新機會之窗。

壓制與衝突

亞當．斯密認爲，商品、意見、禮物和恩惠交換創造出來的社會結構引導資本主義，爲社會的美善產生解決方案。[22]我同意這個看法，社會由社會聯繫構成，若無社會壓力的約束，資本主義可能會變成一種掠奪體制。社會物理學告訴我們，爲了更完整解釋人類的行爲，我們不僅要考慮經濟上的交換，還必須顧及資訊和意念的交換，以及社會規範的產生。

斯密筆下的「好資本主義」敘述了一種理想情況，他能夠想像社群參與幾乎總是制衡經濟力量的情況，因爲他是活在一個較小的世界中，當時城市中的資產階級比較可能彼此認識，因此遭受類似的社會規範和社會壓力約束，必須當個良好公民。然而，那時也是一個殘酷的時代，因爲窮人隱形、貧富之間缺乏互動，貧富之間的交換幾乎完全不受社會規範約束。第一個工業時代著名的種種恐怖人權狀況，便是由此而生。

無論身在何處，社會中若是有種族、宗教或經濟上的不同群體，同樣的隔絕也可能發生。在最近發表於《科學》（*Science*）期刊的一篇文章中，林梅（May Lim）、理查．梅茲勒（Richard Metzler）和亞尼爾．巴揚（Yaneer Bar-Yam）指出，當社會的融合程度很低、某個群體可以支配其他群體，以及當政治或地理邊界與人口邊界不相符時，群體之間便很可能發生暴力衝突。[23]這類事例包括美國的印地安部落在十九世紀被迫遷移、愛爾蘭天主教與新教徒之間的衝突，以及猶太人在歐亞地區一再遭受迫害。

當社會出現這種錯配的情況時，壓制和迫害便往往會發生。多數群體有權制定地方規則，但如果少數群體的勢力夠大，衝突便很可能發生。此時，畫出適當的邊界或有效的融合，都能有助減少暴力衝突。

我們的「朋友與家人」研究發現社群參與能夠建立互信，那我們該如何理解前述那種暴力衝突？關鍵在於我們的實驗是在合作式社群做的，社群成員間絕大多數的互動是合作式的；如果多數互動是剝削式的，那麼每次互動都有摧毀信任的作用。如果你每次與另一社群的人互動都被欺騙、敲詐，你很快便會認爲那個社群沒有人是可信的。

信任是未來合作行爲的期望基礎，是基於以往的互動，人們因此似乎遵循我稱爲「反向黃金律」（reverse golden rule）的法則：別人怎麼對你，你就怎麼對人。[24]這與「以牙還牙」策略相似，這種策略往往出現在信任賽局中，例如經典的「囚犯困境」問題，但如今則被當成一般的預設策略使用。

不幸的是，人們迅速學會親疏有別地應用這項法則，也就是信任同儕但不信任其他人。這就是爲什麼許多人不信任政客和律師這兩個群體，但信任和他們有社交關係的個別從政者或律師。群體之間的歧視，甚至是宗族之間的戰爭，正是拜此所賜。一個群體可能系統性地剝削另一個群體，這凸顯了下列這項事實：促進不同的同儕群體合作互動極其重要。

參與規則

從這個部分開始，當我使用「參與」一詞時，是指人們之間持續交流的網絡改變他們行爲的過程。一如「探索」的概念，關於「參與」，我們應記住三個關鍵：

- **參與需要互動**：想要人們有效率地合作，就必須有所謂的「網絡拘束」（network constraint）：群體所有成員之間必須有再三的互動，而且互動不能僅限於一名領袖與成員之間，或是成員與整個群體之間，例如在全體會議上。想了解群體在多大程度上達到良好的網絡拘束，你可以問和你交談的人是否也彼此交談，如果沒有的話，設法讓他們彼此交談。我們發現，直接互動的次數是很好的社會壓力指標，而我們正是靠社會壓力促成合作行爲。此外，互動的次數也能預測人們在多大程度上能維持新的合作行爲。
- **參與需要合作**：「貝爾明星」實驗告訴我們，績效出衆者促使團隊所有人爲群體共同努力，不僅共同設定目標、共同參與工作活動，並共享團隊的成就。他們使所有人覺得自己是團隊的一分子，藉此促進團隊中的參與。他們也嘗試建立夠強的共識，使所有人樂意採納新想法。
- **建立互信**：我將「信任」定義爲對未來公平合作互動的期望基礎，信任是建立在人際間的交流歷史上。因此，社群網絡既有歷史，也有動能。一如合作，直接合作互動的次數，也能意外準確預測兩人之間的互信程度。社群網絡先驅貝瑞．威爾曼（Barry Wellman）曾經提出，兩人之間電話交談的次數，是反映他們如何投資這段關係的一項良好指標，這種投資常被稱爲「社會資本」（social capital）。看來，這個說法完全正確。

簡而言之，身爲團隊的一分子如果想要有所成就，就必須持續參與團隊網絡中的互動。人們的表現有如球隊中的球員，會平衡個人抱負與社會壓力，共同建立行爲規範和互信與合作的模式。在接下來幾章，我們將看到參與的程度因此能準確預測，多種人類活動中的團隊生產力和韌性。

下一步

我引用前面三章的例子，是希望說明一件事：意念流（也就是新行爲在社群網絡中的傳播）可以理解爲先藉由探索收穫新意念，然後再經由參與同儕互動來過濾這些意念，並將好的意念轉化爲習慣。意念流藉由社會性學習和社會壓力，來建立相容的行爲規範。最後，我們可以利用改變意念流動態的社群網絡誘因，有效率地左右新行爲的傳播。

我們周遭的意念流，對我們的行爲有很大的影響力，這似乎是人性的重要特徵。在人類部落中，影響整個部落的決定，是在社會情境中做出的，取決於支持或反對的豐富社會訊號，[25]社群因此得以先考慮所有成員的偏好，進而達成並執行共識。甚至連猩猩群也是仰賴社群訊號，在社群情境下決定集體行動。[26]群體創造並執行行爲規範的例子十分多樣，從青少年急於融入同儕圈子，到幫會成員與流氓士兵隨意的暴力皆是。當同儕全都採納一項新行爲時，我們是很難不跟隨的。[27]

一些社會學家可能會問：這有什麼值得大驚小怪的？前面三章敘述的實驗，不過是證實了我們已經知道的一些事嗎？例如，同質相吸（物以類聚，人以群分）和社會性學習（入鄉隨俗）。沒錯，但以前不曾有人眞正去研究這些著名人類行爲模式的確切影響，了解這些交流形態如何影響個人決策和社群的體質。我已證明這些社會共性，可顯著提升社群的集體智慧和協調行動的能力。此外，如本書接下來的章節將說明，這些效應對企業、城市以至社會的整體運作均至關緊要。

後續有關社會影響的數學單元，簡略說明這種概念可以如何轉化爲公式，藉由這些公式準確說明社會結構對新意念和新誘因的反應。利用這些公式，我們得以可靠預測個人行爲將如何改變，甚至是工作團隊的績效或整個社群的表現將如何。有關社會物理學公式的進一步說明，可參考本書附錄四〈數學〉。

在本書接下來的章節中，我將闡述我們可以如何運用這些概念和公式，去測量和管理企業、城市以至整個社會。我希望這些例子能使讀者眞正意識到，我們新興的高度連結社會有哪些潛力和危險，以及我們必須做出什麼改變以保護自己並維持社會繁榮。

社會影響的數學

大多數人的數學知識非常有限，所以本書的正文完全避談數學。遺憾的是，這令人忘了我們可以利用社會物理學建立有關人類行爲的預測性數學模型，而這些模型正被用來建立更好的人類組織。因此，我們在這裡用文字說明社會物理學的部分數學，以便讀者體會一二。

社會科學界已研究社會體系中誰影響誰的問題逾五十年之久，但這種努力基本上只是質性或相關性研究，難題一直在於如何以數學模型描述社會影響。令這個問題更複雜的是，社會影響往往不是可以直接觀察的，因此必須從個人層面的行爲訊號推斷。[28]

我們的影響模型始於 C 這個人類體系，就當它是一家公司吧。體系中每一個人 c 起初是一名獨立行動者——從第一個到最後一個，以 $c = (1, \ldots, C)$ 表示——我們通常無法從他們當下的行爲看出他們的行爲動機，推動其行爲的理念隱藏在他們的頭

腦中。我們以 $h^{(c)}_t$ 代表 c 這個人在 t 這個時點的隱祕行為理念，雖然我們無法直接知道每個人在想什麼，但他們的行為提供了可見的訊號 $O^{(c)}_t$，而這些訊號取決於他們的隱祕狀態（他們腦中想法）的機率是 Prob（$O^{(c)}_t | h^{(c)}_t$）。[29]

以「狀態相依」（state dependence），也就是各人的狀態如何互相影響，來定義社會影響是有深厚根基的，[30]它使我們得以將社會影響表達為每個人在 t 這個時點的隱祕狀態 $h^{(c)}_t$，與所有人在 t-1 這個時點的隱祕狀態 $h^{(1)}_{t-1},\ldots,h^{(C)}_{t-1}$ 之間的條件機率（conditional probability）。因此，c 這個人在 t 這個時點的狀態 $h^{(c)}_t$，是受所有其他人在 t-1 這個時點的狀態影響，而在其他人於 t-1 這個時點的狀態下，c 這個人在 t 這個時點處於狀態 $h^{(c)}_t$ 的條件機率是：

$$\text{Prob}\,(h^{(c')}_t \mid h^{(1)}_{t-1},\ldots,h^{(C)}_{t-1}) \qquad (1)$$

我們的影響模型將這種整體的「公司狀態」，分解為每個人 c 對另外某個人 c’ 的影響：

$$\text{Prob}\,(h_t^{(c')} \mid h_{t-1}^{(1)},\ldots, h_{t-1}^{(C)}) = \Sigma_{c=(1,\ldots,C)}\, R^{c',c} \times \text{Prob}\,(h_t^{(c')} \mid h_{t-1}^{(C)}) \quad (2)$$

公式 (2) 中的影響矩陣 $R^{c',c}$ 記錄個人 c 對另一個人 c' 的影響力道，並描述這種影響在公司社群網絡中的蔓延情況。系統中的人和他們內部狀態數目增加時，這個模型的參數數目增長相對緩慢，它因此不難反映「實況」數據和用在即時應用上。實務上，這意味著我們可以利用最大期望值演算法，不必先知道社會聯繫或習得行爲，就能確定影響模型的參數（如影響或狀態等）。估計參數的 Matlab 程式碼和問題案例，有興趣的讀者可參考下列網頁：vismod.media.mit.edu/vismod/demos/influence-model。

這個模型準確描述了 eToro 案例中的投資人行爲。在 FunFit 實驗中，我們加入影響個人 c 的誘因，使他們較可能處於某些狀態。這些狀態經由影響矩陣，使他們的目標 c' 較可能進入我們期望的行爲狀態。例如，我們引進的誘因，使 c 更可能與 c' 談論增加活動量的好處，而如 FunFit 實驗顯示，這種行動的效果取決於 c 與 c' 的互動量。

因此，我們可以藉由測量 c 與 c' 的互動量，頗爲準確地估計社會影響（$R^{c',c}$）。

在本書幾乎全數的案例中，包括社會影響如何左右政治觀點、購買行爲、健康抉擇，以至小群組、企業部門和整個城市的生產力等，我們發現利用社交互動（包括直接和間接互動）的數量指標來估計社會影響，能夠準確預測未來的行爲。

關鍵問題之一，是我們估計出來的模型參數，有多普遍準確代表人際互動中的實質影響。我們發現，這個模型能夠準確辨別小群體各成員的社會角色，例如倡導者、攻擊者、支持者、中立者等；而在組織中，這個模型使我們得以準確畫出組織關係圖，將組織成員歸入工作團隊，並且辨識團隊領袖。[31]當然，同個基本模型衍生的多個版本，解釋了本書幾乎所有案例。這個模型的一個衍生版本，目前正應用在商業上，用來描繪一億名智慧型手機用戶的購買模式，各位可參考 www.sensenetworks.com，這是我和夥伴共同創辦的一家公司的網站。

這個模型重要的作用之一，是我們可以用原始的行爲觀測數據，靠它得出必要的社群網絡參數，藉此算出一個意念流估計值，反映我們對社群網絡中，將採納新意念的成員比例的估計。意念流考慮到影響模型中的所有元素，如網絡結構、社會影響力道，以及個別成員易受新意念影響的程度。

在 eToro 這個例子中，我們發現交易者的投資績效，很大程度上取決於意念流動率；因此，我們找到測量一個組織或社群網絡決策品質的方法。在稍後各章中，我們將看到意念流動率也能預測生產力和創造性產出。

最後，意念流的量化估計，也使我們得以調整網絡以提升績效，因爲我們可以靠這種量化估計預測，來改變網絡結構、影響力道或個人特質的效果。

第 2 部

意念機器

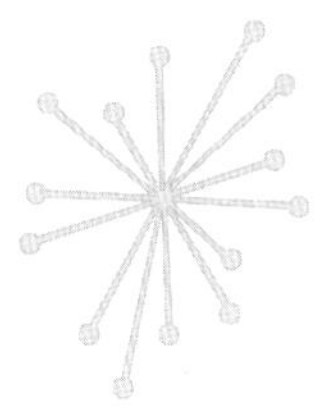

5 集體智慧

互動模式如何轉化爲集體智慧

爲了繼續建立對社交互動物理學的認識，我們來檢視較小群體中的互動。人類群體以至社區有一種集體智慧，有別於每位群體成員的個人智慧，這種集體智慧對預測群體表現的重要性，與智商對預測個人表現的重要性相若。這個意外發現，由我的同儕學者安妮塔・伍利（Anita Woolley）、克里斯多佛・查布利斯（Christopher Chabris）、納達・哈希米（Nada Hashmi）、湯姆・馬龍（Tom Malone）和我發表在《科學》期刊上，是基於檢視群體集體智慧的研究。在這些研究中，我們要求數以百計的小群體做各種腦力激盪、判斷和計劃工作，同時做爲一個群體接受智商測試。[1]

我們發現的這種集體智慧，是以什麼爲基礎？我們的發現出人意表，許多人認爲決定群體表現的因素，例如凝聚力、動機和滿足感，在統計上與群體表現並無顯著關係。預測集體智慧的最重要因素，是「對話輪替」（conversational turn taking）的均等程度，由少數幾個人主導對話的群體，集體智慧不如對話輪替較均等的群體。第二重要的因素，是群體成員的社會智力，也就是他們察覺彼此的社交訊號的能力。在這個方面，女性察覺社交訊號的能力通常比較佳，因此女性成員較多的群體通常表現比較佳，詳情請見第七章的最後單元「社交訊號」。

這些女性是做了什麼去改善群體表現？站在社會物理學的角度，我們會認爲這一定是與群體中的意念流有關。幸好在我們的研究中，我的研究小組以社會計量識別牌，監測了許多群體成員執行群體任務時的表現。博士後學生董文和我後來分析這些識別牌記錄的資料，力求釐清意念流形態。[2]

我們使用的這種社會計量識別牌，能產生有關人們如何互動的詳細量化資料。我們測量的變量通常包括說話的語氣、談話時是否面對面、手勢的多寡，以及他們多常彼此交談、聆聽和打斷對方。藉由結合團隊中的個人數據與績效數據做比較分析，我們可以辨識出造就成功團隊合作的互動模式，詳情請見本書附錄一〈現實探勘〉。

這些社會計量數據顯示，意念流形態對群體表現的重要性超過所有其他因素，事實上是一如所有其他因素加起來那麼重要。想想這一點：個人的智力、性格、技能和所有其他因素加起來，還不如意念流形態那麼重要。

董文和我發現，三種簡單的形態解釋了約五〇%跨群體和任務的績效差異。績效最好的

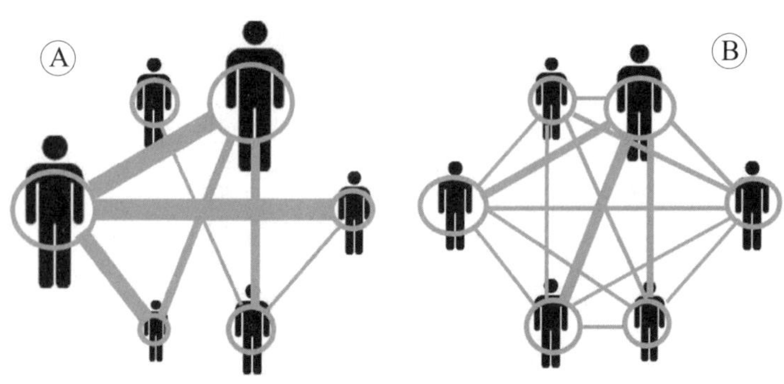

圖 6（A）效能低下的互動形態；(B）良好的互動形態。

群體，典型特徵包括：⑴主意很多：成員貢獻很多很簡短的點子，而非只有少數的長篇大論；⑵密集的互動：有人貢獻點子，便有人提出非常簡短（不超過一秒）的即時評論，如「眞是好主意」、「就是這樣」、「什麼？」，來支持或否定相關點子以幫助建立共識，而且這種貢獻點子和即時評論的情況持續重疊發生；⑶主意很多樣：群體中人人均貢獻點子並對點子做出反應，各人參與互動的程度相對平均。

如圖 6 顯示，這些形態與我們在第二至第四章看到的基本相同，而我見識過的最富創造力的人正是這麼做：他們積極探索以發現各種主意，然後參與互動以選出最好的主意；在這項過程中，他們會盡可能確保所有成員均等參與。一如既往，主意的多樣性是一個關鍵因素。

不過，當事態緊張時，這種互動形態可能便不適用。當局勢要求即時的決定時，群體可能沒有時間發掘出所有點子加以討論。第二種例外情況，是當群體成員難以合作、情緒高昂時，此時可能需要一名領袖扮演「促進者」（facilitator）的角色，在其他人貢獻點子時頻頻介入。不過，這種介入應盡可能簡短，好讓群體成員有時間提出新點子。

這些小型工作群組產生的社會計量數據凸顯了一個事實：團隊像意念處理機器那樣運作，意念流形態是決定績效的關鍵因素。我們發表於《科學》期刊的研究顯示，群體的績效取決於群體成員從所有參與者身上蒐集想法，以及鼓勵各人對每個新想法表達意見的能力。在我們的集體智慧實驗中，女性和其他高社會智力參與者發揮的關鍵作用，看來是藉由引導群體簡潔地提出更多主意、鼓勵各人回應這些主意並確保所有人均等參與，造就出更好的意念流。

不過，意念流形態怎能像所有其他因素的總和那麼重要？爲了回答這個問題，我們想想我們遠祖的情況。站在演化的角度，語言是相對新生的事物，語言底下很可能是一些較古老的示意機制——人類爲了尋找資源、做出決定和協調行動，發展出表達支配、興趣、同意等的示意機制。今天，這些古老的互動形態，仍然左右我們做決定和彼此協調的方式。

想想我們的遠祖可能如何解決問題。他們可能圍著營火坐下，提出各種建議或敘說個人觀察，各個參與者則以點頭、手勢或聲音訊號，來表達他們對別人所言有多大的興趣或有多支持。要了解某個主意是否獲得群體支持，只需要將各人的反應「加起來」，看多數成員是否認同該主意便可。

古人類群體必須集合各成員的想法以解決共有的問題，一如我們今天會觀察到猩猩群體集合各成員的想法。動物行為研究支持下列設想：猩猩群以至蜂群決定集體行動時，會集合各成員的想法。我們的社會計量識別牌數據證明，現代的群體嘗試解決問題時，也會出現這種情形。在今天的會議室中，對新點子的暗地反應，如「嗯……」、「ＯＫ」等，利用這種古老機制來篩選各種主意，而這些機制也因此得以保存下去。[3]

我們的《科學》論文最重要的結論，是群體有一種大致獨立於個別成員智力的集體智慧。當群體解決問題的能力大於我們的個人能力，而這種集體能力取決於個別成員之間的聯繫。當中的關鍵看來是一種互動形態，它有利於群體集合所有人參與貢獻的多元想法，而且能有效地篩選這些主意以建立共識。所以，我們是否已演化至共商大計，比單打獨鬥有效的狀態？[4]

測量你所管理的

我們的集體智慧研究顯示，團隊的運作有如意念處理機器，當中的互動形態造就某類型的意念資料探勘。只要測量群體的互動形態，我們就能準確預測群體最終的生產力。

我在公司中，也看到這種情況。有些公司令人覺得它們是運轉良好的機器，又或者是各部完美組合起來的複雜拼圖。我們自然想問：可以只看互動形態來測量一家公司的績效嗎？組織——企業或政府——是否也像意念機器那樣運作，主要藉由個人互動蒐集和傳播各種想法？

在工作場所，我們不會像在實驗室做實驗那樣只圍坐在桌邊。在工作時間中，我們會到處走動，在別人的辦公桌旁邊、在會議室或一起吃午餐時交談，也會在茶水間或印表機旁邊閒聊。因此，我開始利用社會計量識別牌，測量各種實際工作環境中，各人的面對面互動形態。

我和我的前博士班學生譚米・金姆（Taemie Kim）、丹尼爾・歐爾金・歐爾金（Daniel Olguín Olguín）和班・魏伯（Ben Waber）——他們現在都在我們分拆出來的公司「社會測量解決方案」（Sociometric Solutions）工作——利用社會計量識別牌研究各種職場環境，包括企業的創作和研究團隊、醫院的手術後病房、傳統的一般後勤部門，以及電話客服中心。[5] 爲了了解一個組織中的完整互動形態，我們有必要從該組織使用的各種溝通工具獲得全部資料，包括電子郵件和即時通訊內容等。我們測量所有溝通管道，然後檢視高生產力和低生產力群體的互動形態。

如我在《哈佛商業評論》的文章〈科學魔法打造贏家團隊〉（"The New Science of Building Great Teams"）中指出，我的研究團隊和我從數十個工作場所蒐集了數百 GB 的資料。[6] 我們發現，公司之中的面對面互動和探索形態，往往是決定生產力和創造性產出的最重要因素。在本章剩餘各節，我將說明這些形態如何影響工作產出，以及企業可以如何運用這項見解。

生產力

我們的第一個例子是電話客服中心。電話客服中心的特別之處，在於它們的工具性很強，而且幾乎所有活動都會記錄下來。電話客服中心的管理者，往往會盡可能減少員工之間的交談，因爲他們的工作是高度標準化的例行公事，管理階層因此認爲員工之間沒有什麼需要互相學習的。限制員工交流的做法可以很多樣，比較常見的一種是錯開員工的休息時間。

二〇〇八年，我們剛與美國銀行（Bank of America）建立關係，我當時認爲一家銀行受嚴格管理的電話客服中心，可以用來做一個嚴謹的測試，驗證員工之間的意念流是決定生產力的首要因素這項假說。我向美國銀行提議，由我的研究小組測量他們電話客服中心的員工互動形態，然後執行一個簡單的介入方案，看看是否可以改善意念流。

於是，我們便在一個有超過三千名員工的電話客服中心，展開一項分爲兩部分的研究。在第一部分，我的研究小組追蹤四個團隊，每隊由約二十名員工構成。我們要求這些員工在電話客服中心時，整天佩帶社會計量識別牌，爲期六週。我們總共蒐集了數十GB的行爲數據。

在這個電話客服中心，個案的平均處理時間，是最重要的生產力指標，因爲它是決定電話客服中心運作成本的最重要因素。如果我們能降低平均處理時間五％，這個客服中心一年便能節省約一百萬美元。

其後，我們分析這個電話客服中心所產生的大型數據集，發現預測生產力最重要的因素，是整體互動量和參與程度，也就是團隊成員是否都在環路中。將這兩個因素相加起來，能夠預測團隊之間三分之一的生產力差異。

這個例子說明了，績效如何隨著這個電話客服中心工作小組中的意念流而變化，跟我們對 eToro 交易網絡的分析相似，見第二章中的圖 3。我們一旦畫出意念流對績效的圖，就能設法調整網絡以改善績效。

在電話客服中心這個例子中，我建議管理階層調整員工的休息安排。一如許多的電話客服中心，這裡的標準休息安排，是讓員工逐個休息。但是，因爲這個電話客服中心有很多員工，安排工作團隊輪值其實十分方便。也就是說，管理階層安排整個工作團隊休息，就像安排員工逐個休息一樣方便。爲了增加員工之間的非正式互動和參與程度，我建議安排同一團隊的員工同時休息。

因爲允許同一團隊的員工同時休息，各團隊員工之間的互動量增加了，他們的參與程度也提升了。個案平均處理的時間大幅降低，意味著員工的生產力大有進步，顯示互動形態與生產力有很強的關係。電話客服中心管理階層看到這個簡單改變的效果，決定據此調整所有電話客服中心的休息安排，並且預期生產力提升，每年可產生一千五百萬美元的效益。

這個案例清楚證明了，面對面互動的程度對生產力有重大影響。那麼，這種情況也會出現在其他工作環境中嗎？爲了解答這個問題，我們利用社會計量識別牌研究一個典型的白領後勤部門，該部門負責設計資訊科技方案以支援銷售部門。我們集中測量一支由二十八名員工組成的銷售支援團隊，其中二十三人參與我們的研究。我們的社會計量識別牌應用在這家芝加哥地區的數據伺服器銷售公司，爲期一個月（二十個工作天），蒐集了約十億項有關誰與誰交談、他們的肢體語言，以至語氣的數據。我們總共蒐集了一千九百個小時的資料，每名員工貢獻的資料時間中位數是八十小時。[7]相關資料、論文和更多細節，可在下列網頁中找到：realitycommons.media.mit.edu。

我們的分析檢視在每項銷售支援任務期間的員工行爲。該部門的員工以先到先得的方式，獲得分配一項電腦系統設計任務。當員工完成任務時，會將設計和報價提交給銷售人員，然後這名員工會被排在輪班隊伍的最後面，等待新的任務。一項任務開始和完成的確切時間會被記錄下來，所以我們可以計算每名員工每項任務的確切生產力。

結果我們發現，參與程度是預測生產力最重要的因素。參與程度取決於工作團隊中的意念流，在這個案例中，我們以每名員工交談的對象在多大程度上彼此交談，來衡量員工的參與程度。剔除所有其他因素，包括工作年資和性別等，我們發現，參與程度排前三分之一的員工，生產力比一般員工高一〇％以上。

因此，在此白領工作環境中，我們再次看到，意念流概念對了解生產力與互動形態的關係至關緊要。員工參與交流並積極互動，才能學會區分生手與專家的重要工作竅門，而這正是意念機器高效運轉的關鍵所在。

創造力

互動形態不僅對生產力有重大影響，它甚至還影響我們最巧妙的創造能力。我和我的研究小組從許多不同組織蒐集的社會計量資料顯示，創造性產出十分仰賴兩個過程：發現意念（探索），以及將這些意念融入新行爲中（參與）。在研究實驗室和設計公司，高創造力團隊與低創造力團隊的差別，在於他們在團隊之外的面對面探索形態，以及在團隊之中的參與形態。

雖然探索和參與，對創造性產出均至關緊要，但兩者對互動形態有不同且互相衝突的要求。其他群體動物如猩猩和蜜蜂的例子顯示，良好的方案似乎應是探索（以發現意念）和參與（群體成員互動以促進行爲改變）交替進行。[8]

驅動許多人類和非人類組織的，正是這種結合資源發現和群體決策的古老機制。例如，對於何謂社交互動的良好形態，卑微的蜜蜂就有許多值得我們學習之處。許多人都知道，工蜂會發掘好的食物來源，然後回到蜂巢，跳一段搖擺舞，以示意食物來源的距離和方向。這種特別舞蹈鼓勵其他工蜂改變行爲，造訪新的食物來源。

比較少人知道的是，蜜蜂會利用同樣的機制，做爲群體決策的基礎。蜂群最重要的抉擇之一，是爲蜂巢選址，而蜜蜂會運用一種意念機器來做這項決定。蜂群派出少數偵察蜂探索本地環境，等發現不錯地點的偵察蜂回到蜂巢後，會藉由一段熱烈的舞蹈，將自己的發現傳達給其他蜜蜂。這導致其他蜜蜂改變行爲，陪伴牠們去察看這個有希望的地點，等這些偵察蜂回到蜂巢後，會藉由舞蹈吸引更多蜜蜂去察看牠們認爲不錯的地點。這種循環持續下去，直到大量偵察蜂示意支持某地點，蜂群越過選址臨界點，決定集體搬到新地點。

蜂群的決策過程，凸顯了群體在探索（做爲發現資源的一種方法）和參與（做爲在同儕社群中傳播新行爲的一種方法）之間的擺動。如後文所述，這兩種過程對人類組織都非常重要，但兩種過程各有不同要求。從蜂群的例子看來，良好的方案似乎應該交替應用適合探索的星狀網絡，以及適合參與、整合意念及改變行爲的具凝聚力、關係緊密的網絡。無論是在蜜蜂或人類的世界，能夠視需要改變互動結構的網絡，便有能力塑造意念流以達致理想的探索和參與。[9]

如圖7(a)顯示，在典型的企業探索形態中，員工嘗試接觸外界，與不同的團隊互動，形成一個星狀的網絡。這能產生源自團隊以外的意念流，通常有助發現有用的新意念。如圖

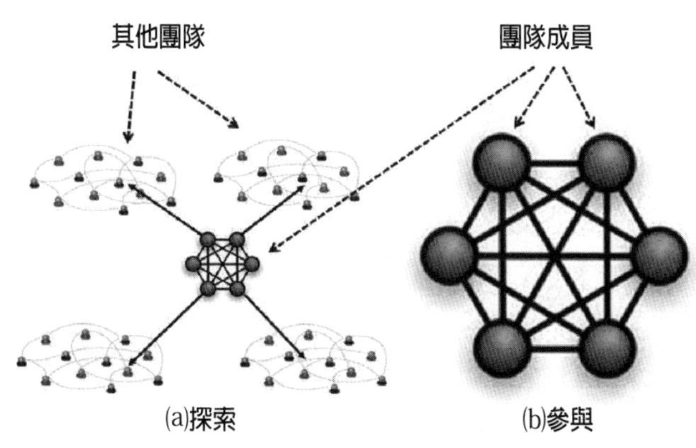

圖 7 探索和參與網絡。
(a)團隊成員與其他團隊互動是探索。
(b)團隊內部的成員互動是參與。

7(b)顯示，在典型的參與形態中，員工採用一種密集互連的形態，當中多數互動發生在同一團隊的成員之間。他們與同團隊的同事吃飯聊天，鼓勵同隊員工成爲朋友，確保內向的成員也參與互動，而這一切是爲了使所有團隊成員彼此交談。團隊之中因此產生豐沛的意念流，有助團隊檢視新意念，並將它們融入團隊的規範和習慣之中。

這個發現在性質上與第二、三章提到的「貝爾明星」實驗是一樣的：績效出衆者藉由各種互動，熟悉各方人士對其工作的看法。管理高層、顧客、銷售人員和製造部門都有各自的看法，結合他們的想法與自身團隊的觀點是有用創意的主要來源。當然，今天的不同之處，在於我們可以利用社會計量識別牌來測量這種探索活動，以確保它們夠頻繁和多元。

爲了驗證探索和參與交替的形態與創造性產出

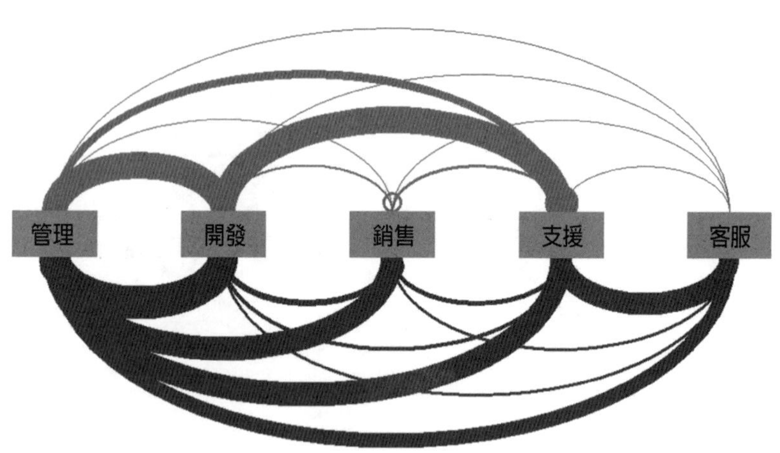

圖 8 某德國銀行行銷部門某天的互動形態。兩個群體之間的弧線厚度代表面對面互動的數量（上半部淺灰色弧線表示）或電子郵件往來的數據（下半部深灰色弧線表示）。

有關的這項說法，我和我的學生與彼得・葛洛（Peter Gloor）團隊合作，利用社會計量識別牌測量某德國銀行行銷部門的互動形態。我們追蹤該部門二十二名員工（分爲五個團隊）一個月之久（二十個工作天）。我們要求這些員工每天佩帶社會計量識別牌，總共蒐集了兩千兩百小時的資料（每名員工一百小時）。我們也監控電子郵件流量，記錄了八百八十封電子郵件。[10]

我們分析這些資料，發現有明確的證據顯示，員工群體會隨著時間的推移而改變互動結構，交替地塑造出適合探索和參與的意念流。圖 8 顯示他們某天的互動情況，下半部的深灰色弧線代表群體之間的電子郵件流量，上半部的淺灰色弧線代表面對面互動的數量。

我們的數據分析顯示，負責設計新行銷專

案的團隊，在探索模式（旨在發現新想法）與參與模式（旨在將這些想法融入團隊行爲中）之間擺動，這種形態有利於將意念流引進創作團隊。相對之下，負責製作的團隊則並不怎麼在兩種模式之間擺動，成員主要是與隊內同事互動，結果是新想法很少流入這些團隊中。

研究這家公司時，我們也發現了一個意念流黑洞：大家很少和客服組的人面對面交談，參見圖8標示「客服」的群體。因此，這家銀行改變座位安排，確保所有人（包括先前孤立的客服組）都在互動交流的圈子中。結果，因爲這個簡單的改變，這個部門先前碰到的一些協調問題，如推出一些使客服組工作過量的廣告專案等，便得以大大改善。

不過，這種在探索與參與之間擺動的形態，眞的是創造性產出的主要驅動因素嗎？爲了進一步探索這個問題，我根據麻省理工學院九十四人共三十三萬小時的互動資料，研究他們之間的互動形態；這便是研究生納森・伊格（Nathan Eagle）和我所做的「現實探勘研究」（Reality Mining Study）。[11]相關數據由實驗參與者攜帶的智慧型手機蒐集，我們因此得以測量媒體實驗室中各研究小組的面對面互動形態。

研究生董文和我發現，這些研究小組曾在整個實驗室的人力資源調查中評價自身的創造性產出。董文和我比較這些創造力評價和互動形態，發現社群網絡形狀較多變化的團隊，認爲自己的創造性產出較高。[12]換句話說，在這些社群網絡中，在探索與參與模式之間較多擺動，通常能造就較高的創意工作生產力——至少在這些網絡中的人，創造力自我評估顯示情況是這樣（參見本書附錄一〈現實探勘〉）。

這些結果告訴我們，探索／參與循環與主觀的創造性產出有關。不過，我們最好是能找到較強的證據，證明這種形態可預測客觀的創造性產出。遺憾的是，創造性產出的客觀指標很難找到，因爲誰能斷定什麼東西眞正有創造性呢？儘管如此，我們可用的最佳工具，可能是哈佛教授泰瑞莎・艾默伯（Teresa Amabile）開發出來的KEYS創造力評估工具。[13] KEYS量表獲公認爲測量組織工作環境中，團隊創意和創新能力的黃金標準。

琵雅・崔帕提（Pia Tripathi）在她的博士論文中，與她的論文導師溫斯洛・博樂森（Winslow Burleson）和我合作，利用社會計量識別牌研究美國兩個研發實驗室。[14]她以識別牌測量兩個由七名成員組成的小組，分別爲期十一天和十五天。我們利用KEYS團隊調查，得出自評和專家評斷的創造力量化指標，然後將這兩組每天的數值分爲高、低兩組，藉此區分高創造力和低創造力的日子。

KEYS團隊創造力數據分析顯示，相對於低創造力的日子，這些研究小組在高創造力日子的參與和探索都比較多。事實上，簡單結合參與和探索指標，便能有效預測哪些日子有很高的創造力，準確性高達八七・五%。

因此，我們再度看到，參與和探索交替，有助增加創造性產出。探索是將新意念引進群體的理想階段，參與階段則最適合用來建立有關這些意念的共識。借用赫伯特・西蒙的說法，如果群體對某個意念有共識，它便會融入該群體的「行動習慣」儲備中，供他們在快思狀態下使用。換句話說，探索和參與交替能增加創造性產出，看來是藉由建立更多元的經驗儲備供必要時參考。

創造性產出與經驗的多樣性有關，看來是無意識認知（unconscious cognition）的力量所致。科學文獻中有顯著證據顯示，就解決複雜的問題而言，無意識認知可能比有意識認知（conscious cognition）有效。[15]當我們較講究邏輯的慢想能力不介入時，例如當我們睡著或當我們模模糊糊地考慮某個想法時，我們的快思能力似乎發揮得最好。因爲快思是運用聯想而非邏輯，它可以藉由尋找富創意的類似情況，較輕易地做出直覺上的跳躍。它可以吸收新處境下的經驗，花一段時間消化，然後藉由聯想構思出許多類似行動。相對之下，我們專注的慢想模式，則提供有關我們行動的洞見，幫助我們察覺問題並檢視各種行動方案。

改善意念流

我們在本章看到意念流形態，如何影響工作小組和組織的集體智慧。我集中探討好的意念流可以如何改善決策、生產力以至創造性產出。在研究數十個組織後，我發現社會性學習——通常是同事間非正式面對面互動——機會的數目，往往是決定公司生產力的最大單一因素。在我們的研究中，我們藉由測量群體參與評估社會性學習機會是否充裕——某個員工的交談對象是否彼此交談？同儕網絡的關係有多緊密？[16]

因爲社會性學習機會和生產力有這樣的關係，改善社會性學習的簡單措施往往能產生巨大效益。如前所述，在某公司，我們只是簡單地改變了員工的休息安排，以便他們彼此交談，結果生產力便顯著提升，每年可替公司節省一千五百萬美元。在另一家公司，提升員工生產力的最簡單方法，是改用較長的餐桌，迫使原本互不認識的人一起用餐。[17]在下一章，我將說明我們可以如何利用互動形態視覺化技術，使所有人了解當前的形態，然後建立改善形態的共識，藉此改善群體的意念流。

這些例子強調了一個事實：我們的行爲十分仰賴社會性學習，這正是與本地同儕交流互動極其重要的主要原因。更多的交流互動，能夠創造更多社會性學習的機會，以及更多分享關鍵資源（如內隱的作業知識和成功工作習慣）的機會。換句話說，有關如何做好一份工作、提升生產力的許多重要見解，很可能是在茶水間學到的。

6 塑造組織

互動形態視覺化造就的社會智力

社會物理學的組織觀，集中關注互動形態做爲一種「意念機器」，執行發現意念、整合意念和決策等必要任務。領導人可藉由促進組織中的健康互動形態，來提升組織的績效——這些互動包括直接互動如交談，以及間接互動如觀察或偶然聽到相關資訊等。這種組織觀與集中關注組織中的個人或傳播中的具體資訊內容截然不同，我們一旦將組織想成主要是藉由個人互動蒐集、傳播意念的意念處理機器，則我們顯然有必要建立健康的意念流形態。

我研究超過二十家組織後發現，這些組織中的互動形態，往往能解釋高效能與低效能團隊接近一半的績效差異。[1]也就是說，意念流形態是組織領導人可以左右的最大單一績效因素。但是，現今世界上沒有一個組織，會同時追蹤自身的面對面和電子互動形態。而眾所周知，沒有測量的東西是無法管理的。

在我的《哈佛商業評論》文章〈科學魔法打造贏家團隊〉中，我提出下列主張：組織若想從利用組織架構圖的管理方式轉向監控意念流的管理方式，領導階層必須減少仰賴重視個別人才的組織管理方式，轉向致力藉由塑造理想的互動形態以達致較高的集體智慧。[2]藉由將焦點從靜態的組織架構圖轉向實際的互動網絡，我們可以將所有人納入交流互動的圈子中，提升好意念轉化爲協調行爲的機率。[3]

實現良好意念流的第一步，可能是令人們意識到自身的互動形態。可惜，這往往很困難，甚至是不可能的。如果不是身處現場，你怎能知道大廳裡面對面交談的情況？如果不是剛好在場，你怎能知道有人藉由觀察別人如何操作而學會使用影印機？

有件事顯而易見：如果能使所有人看到互動形態，那麼大家就能攜手創造更好的意念流形態。我的研究團隊爲此設計了一種互動圖，用來測量和評價一個群體或組織中的互動形態，以便當中的成員了解意念如何在個人之間和工作團隊之中流動。我們的目標是增進工作團隊和整個組織的社會智力，藉此提升績效。

人們一旦眞的看到互動形態，就能開始討論如何最好地駕馭這些形態。在理想的情況下，有關哪些形態必須加強、哪些必須減少的討論，可以促成必要改變的共識。這種共識所產生的社會壓力，可促使群體採納公認的理想形態。

當我們希望將一個典型組織的互動形態視覺化時，我們會要求其管理階層和員工均佩帶我們特別設計的社會計量識別牌，詳情請參考本書附錄一〈現實探勘〉。我們爲所有人提供有關其互動形態的圖形化意見反饋，這種圖形像一個儀表板，可以呈現在電腦螢幕上，或是列印出來以便群體討論。這種反饋可以是即時的，但更常見的是在隔天早上提供。

最有用的互動圖，會呈現組織中的參與和探索程度，因爲這兩大活動的情況，決定了意念流是否健康。就個人而言，參與意味著如果你的交談對象彼此間也交談，則你是身處在交流互動的圈子裡，有良好的參與。我們發現，無論相關內容、成員個性或其他因素情況如何，參與程度可預測多達一半的群體生產力差異。探索程度則取決於群體成員從外界引進多少新意念，而這是決定創新和創造性產出的關鍵因素。由於創新是長期績效最重要的驅動因素，管理階層有必要幫助員工建立多樣的人際關係，藉此促進組織對新意念的探索。

參與

某些群體較難建立良好的意念流，如成員廣泛分散或成員說不同語言的群體。爲了因應這個常見的問題，我在麻省理工學院的研究團隊研擬出一些方法，爲許多類型的工作團隊提供有關參與情況的即時圖形化意見反饋，藉此提升團隊績效。我們希望人們能應用這種即時圖形顯示，獲得改善互動形態所需要的社會智力，因此得以提高生產力和創造性產出。

圖 9 顯示的工具是譚米．金姆在她的博士研究工作中，和我一起開發出來的。如圖 (a) 顯示，這個名爲「會見調停者」（Meeting Mediator）的系統有兩大部分：一個用來記錄群體互

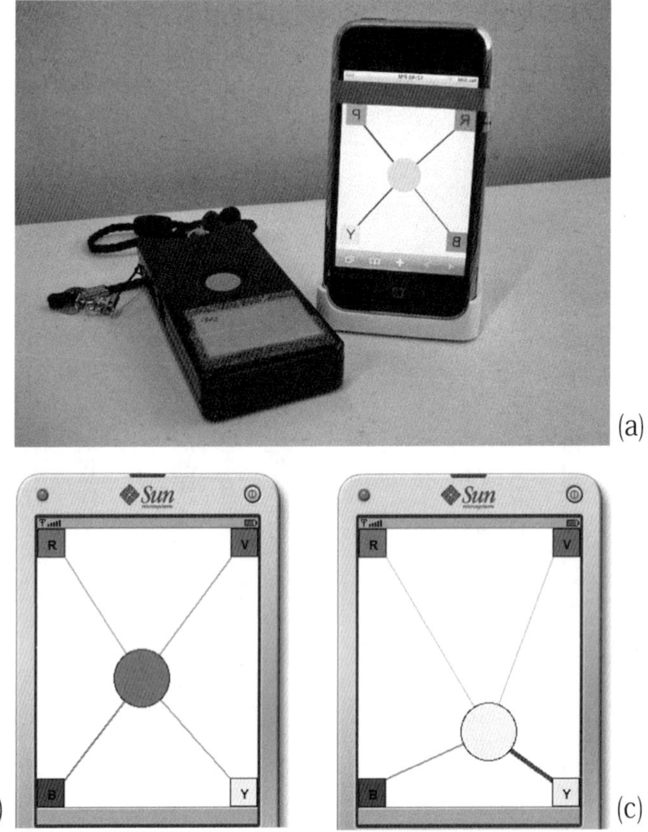

圖 9「會見調停者」系統 (a) 由一個社會計量識別牌（左）和一支手機（右）構成，前者用於記錄群體的互動形態，後者則是呈現這種形態做爲即時反饋。如 (b) 顯示，當團隊的參與程度很高時，圖中的球變成深色；如 (c) 顯示，當團隊的參與程度偏低時，圖中的球會變成淺色或白色。如 (b) 顯示，當互動形態健康，所有人平等參與時，球會移到螢幕的中心位置。如 (c) 顯示，當某人主導對話時，球會移向接近這個人的位置。

動形態的社會計量識別牌，以及一支將這種互動形態視覺化的手機。[4]在這套系統中，當群體的參與程度很高時，互動圖中的球會變成鮮綠色。[5]當所有人都大致平等參與時，互動形態是健康的，如(b)顯示，互動圖中的球會移到螢幕的中心位置。當某人主導對話時，如(c)顯示，球的顏色會變淺，並向這個話太多的人靠攏。這套視覺化工具提供即時反饋，鼓勵群體中均衡、高度的參與。

這套反饋系統的好處之一，是它簡單、有效，即使人們不刻意注意互動形態圖也能產生效果。我們發現，這套系統對成員分處不同地點的群體特別有效，它往往能將這些群體的績效，甚至是信任程度提升至面對面群體的水準。[6]如第四章指出，高度互信是靈活合作的根基。

成員分散各處的群體使用會見調停者系統時，最明顯的改變是成員每分鐘貢獻意見的次數增加了，而各成員貢獻意見的次數也變得比較接近。換句話說，成員貢獻很多簡短的意見，而且所有人均參與討論，沒有人主導發言。回想第五章談到的有利集體智慧的條件，我們可預期會見調停者系統將提升群體生產力。

事實上，這種群體行爲變化確實造就出我們期望的績效提升。在實驗室實驗中，成員分散各處的群體使用會見調停者系統時，合作程度不僅顯著提升，而且其表現與面對面群體大致沒有差別。當我們問他們有關信任和身爲群體一員的感覺時，我們得到一樣的結果。值得注意的是，當研究人員僅看這些人的談話文字紀錄時，他們無法預測哪個群體會彼此合作，或哪個群體感受到高度的互信。重要的是參與，而非他們說了些什麼。

會見調停者系統也幫助成員分散各處的群體改善意念分享的表現，使其表現達到面對面群體的水準。在另一系列的實驗室實驗中，我們檢視這個現象，辦法是測量各群體能多快、多完整地找出某個測試問題的所有關鍵點。相關數據顯示，最重要的因素是參與的相近程度，尤其是各成員貢獻意見的次數是否相近。這結果同樣與第五章所述的集體智慧實驗結果一致。

令人意外的是，這種相近效應並非僅限於在討論中貢獻意見的次數，還延伸至肢體語言，儘管分散群體中的成員看不到彼此。事實上，當群體的績效愈高，成員節奏（包括肢體語言、言詞和語氣）相同的程度愈高。在表現最好的群體中，各成員的行動眞的是同步的。[7]

類似的視覺化反饋，也能改善多語言群體的表現。例如，在一個示範專案中，我們在東京一個領導論壇上使用社會計量識別牌，該論壇有美國和日本各二十名學生參加，美國學生主要來自大波士頓地區的大學，日本學生則主要來自東京地區的大學。他們分爲六至八人的多個小組，參與一個以創意工程爲焦點、要求所有小組成員合作的培訓計劃。這些學生在共七個工作天的時間內均佩帶社會計量識別牌。

因爲擔心文化和語言障礙損害這些小組的表現，我們鼓勵他們加強互動，成爲融爲一體

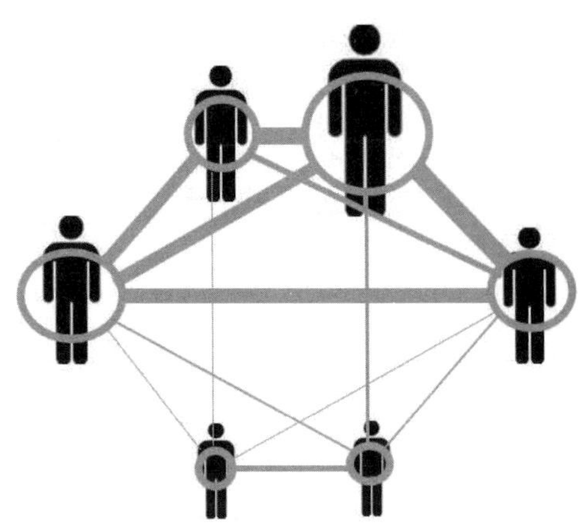

圖 10 一週的互動期開始時，社會計量識別牌捕捉到某團隊的面對面互動形態。人物的大小代表該學生花在溝通上的時間，連接線厚度顯示兩名學生之間有多少溝通。

的團隊。爲了達成這個目標，我們利用社會計量識別牌測量他們每天一起工作時的溝通形態。在每天結束時，我們爲每支團隊提供一張他們的溝通形態圖。

圖 10 顯示一支團隊在一週的工作期開始時的典型面對面互動形態。[8] 圓圈的大小代表團隊成員參與對話的時間，成員之間的連接線厚度顯示兩人談了多少話。在這個例子中，底下兩人是日本學生，其餘的是美國學生。

一週的工作期開始時，美國學生和日本學生主要都是跟本國學生互動。群體融合程度不佳的原因之一，是因爲群體討論以英語進行，日本學生因此面對一定的語言和文化障礙。但是，一週結束時，各團隊似乎已達致充分的融合，整體互動形態也大有改善。

在工作期結束後的檢討會上，這些學生認爲我們提供的社會計量反饋有助他們加強融合，成爲績效較佳的團隊。

探索

如第五章所述，創造性產出高度仰賴探索。可惜一個團隊的探索形態是很難察覺的，部分原因在於探索通常是個人而非群體活動。因爲難以看見，我們也就難以建立支持探索的組織習慣。因此，要支援良好的意念流，設法將群體的探索形態視覺化極其重要。

雖然測量探索的最佳方法，很可能是以數學方式測量一個團隊與外界之間的意念流，但我們發現，簡單計算團隊與外界的互動次數通常已足夠。[9]換句話說，只有當社群網絡中的結構狀況如回饋環路或結構洞估計將造成問題時，我們才有必要在特定例子中考慮這些複雜因素。

圖 11 是群體探索行爲視覺化的一例，[10]該圖顯示各群體之間的互動形態（群體 P00 至 P18 之間的灰色弧線），以及各群體內部的互動形態（底部的灰色圓圈）。弧線寬度與群體之間的互動量成正比，圓圈大小則與群體之中的互動量成正比。如圖 11 顯示，管理團隊（P00）與某些群體有很多互動，但與某些群體則完全沒有互動。更糟的是，P00 以外的群體之間幾乎沒有任何互動。同樣重要的是，除了 P15 和 P17 外，這些群體內部幾乎都沒有什麼互動，

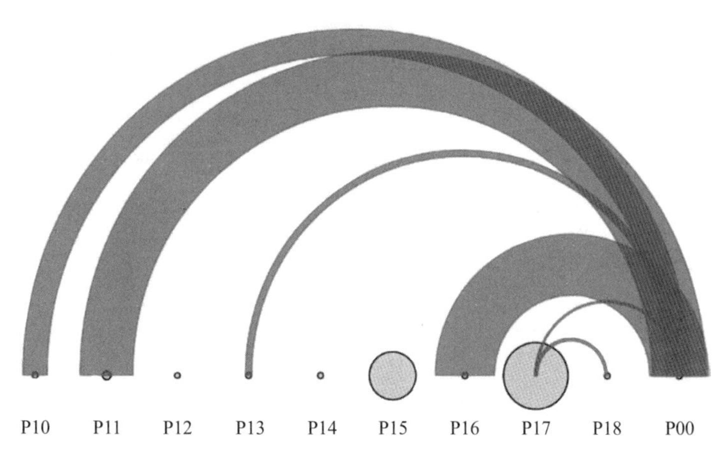

圖11 探索儀表板一例，由「社會測量解決方案」公司提供。

這看來像是傳統由上而下管理體系最糟糕的情況。

如前一章所述，探索形態如此差勁的組織，往往陷於某些行爲窠臼之中。此外，在這種組織中，各工作團隊認爲必須做的事，也很容易出現重大矛盾。例如，在第五章所述的德國銀行例子中，因爲沒有人與客服部溝通，廣告專案的設計往往未考慮客服部門是否有能力執行獲分配的任務。管理階層必須利用圖10（參與）和圖11（探索）這種儀表板，將溝通形態視覺化，並採取措施確保所有工作團隊之間和團隊內部有良好的意念流。

多樣性

有關社會智力的關鍵問題之一，是判斷已蒐集到的意念是否足夠多樣。當一個社群網絡有很多環路以致同樣的意念一再流轉，或幫助探索的對外交流管道太相似時，意念流中的多樣性便會不足。發現和處理這個問題，有三種基本方法。

第一種方法或許可稱爲「博彩法」（the bookie solution）。在惠普（HP）研究部的伯納德．胡伯曼（Bernardo Huberman）設計的這種方法中，研究人員先問每個人覺得其他人將會怎麼說。[11]這種「共有知識」的重要性會被貶低，因爲它顯然會被計算超過一次。這個方法已證明對人們押注選舉結果和電影票房等活動相當有用。

處理這種「回音室問題」的第二種方法，是麻省理工學院的卓瑞森．佩雷克（Drazen Prelec）發明的，他稱之爲「貝氏實話血清」（Bayesian truth serum），是釐清誰掌握一些可能眞正重要的新資訊的一種方法。[12]這種處理意念多樣性不足問題的方法，或許也可以稱爲「智者方案」（the wise guys solution）。

在這個方法中，我們尋找特立獨行的智者，他們能準確預測其他人將怎麼做，但自己的做法與衆不同。這個方法的道理是：如果一個人能準確預測其他人的行爲，那麼他已經掌握了共有的知識。但如果他自己的行爲與衆不同，那他一定是知道一些別人不知道的事，因此這種智者的行爲可以視爲有用的獨立資訊。

回音室問題的第三種解決方案是我想出來的，我的方法是藉由追蹤人們的想法和行爲之間的依賴關係，來估計人際間的社會影響強度。[13]比方說，意見經常相似的人很可能有類似的資訊來源，這些同類人的意見因此不能視爲獨立的見解。這往往發生在關係緊密的社群中，因爲這種社群的成員往往共用一些資訊，而且他們可能會感受到持相同意見的社會壓力。藉由注意網絡中的意念流，我們可以減輕這種現象的影響，轉爲重視較可能眞正獨立的見解。

在多數的實際應用中，我發現第三種方法，也就是估計人際間的社會影響強度，是最容易執行的，而且效果相當好。本書附錄四〈數學〉中闡述的影響模型，是將這個方法應用在大型群體上的實用做法。但是，就涉及許多折中的複雜問題而言，智者方案可能是最好的方法，沒有什麼能勝過擁有私人資訊來源或成功的新策略。

社會智力

在我們描述群體智慧特性的《科學》論文中，我們指出，社會智力較高的群體成員，能提升整個群體執行各類型任務的表現。我們在其他研究中發現，提供群體互動形態的圖形化意見反饋，可增強群體的社會智力。這種反饋能夠改善群體的互動形態，而互動形態的改善可提升群體的客觀表現。[14]

在前面的段落中，我們探討群體內部意念流視覺化後，據此討論可帶來什麼好處。這種反饋是一種電腦輔助的社會智力，藉由產生改善團隊互動形態的社會壓力，以提升團隊的表現。除此之外，我們還有什麼方法可以利用社會智力、社會壓力或社群網絡誘因等概念，來改善工作團隊中的意念流？

最常見的方法之一，是藉由領導人的個人影響力，培養出一種高效能的組織文化。高效能領導人通常擁有某種「實用魅力」，他們精力充沛、有系統地與其他人互動，藉此幫助組織的互動形態朝正確的方向發展。他們不會支配群體中的討論，懂得鼓勵良好的意念流形態。

博士生丹尼爾．歐爾金．歐爾金和我做的一項研究，便說明了這種實用魅力。我們以參加麻省理工學院爲期一週的某密集課程的企業經理人爲研究對象，他們在課程結束時的作業是推銷某個商業計劃。[15]這一次，我們利用社會計量識別牌，觀察這些經理人在課程首天傍晚交誼會上的表現。我們發現，這些經理人在這個課前交誼會上展現出來的社交風格，能夠極其準確地預測其團隊的商業計劃在課程結束時將得到什麼評價——這一點可能會令課程主辦單位感到苦惱。

最成功的經理人類型，是我所謂的「魅力型連結者」（charismatic connector）。這些人主動四處遊走，與人簡短有力地交談，很像採集花粉的蜜蜂。我們發現團隊中的魅力型連結者愈多，團隊在課程結束時的商業計劃競賽中獲得的評價愈高。社交風格受這種魅力型連結者主導的團隊，看來有較均衡和較高程度的成員參與，而這是對集體智慧有利的情況。

有一點值得說明的是，魅力型連結者並非只是性格外向或熱中社交的「派對動物」，他們是眞正對所有人和所有事感興趣。我認爲他們眞正感興趣的是意念流，雖然很少人會這麼形容他們的興趣。他們傾向推動對話，會主動問別人的近況、生活和工作如何，以及他們如何處理問題等。這使他們對所有事都有良好的了解，成爲團隊中的社會智力來源。和他們交談的人也會感覺良好——有人對你正在做的事眞正感興趣，這種情況有多常見？這眞是令人愉快的經驗。

魅力型連結者的最大作用，可能不僅發揮在團隊之中，還包括在團隊之間。坦西姆．喬杜里和我一起做她的博士論文研究時，我們發現推動對話的典型人物，也就是那些總是充滿好奇心並積極發問的人，是他們組織中的連結者。[16]他們使意念得以跨越群體的界線流通，將所有人維持在交流互動的圈子中。因此，這些社會智力高強的魅力型連結者，是組織成功的關鍵人物。

我們可以培養自己成爲魅力型連結者，這種人是鍛鍊出來，而非天生的。訣竅在於模仿創造力高強的人，他們會留意自己見識到的一切新意念，每當遇到有意思的想法時，會和其他人討論以了解別人的看法。他們也會嘗試擴大自己的社交圈子，納入許多不同類型的人，以盡可能接觸許多不同類型的想法。他們利用茶水間與管理員、推銷員和其他部門的主管交談，他們會問交談對象最近如何、何事煩心、有何對策，也會轉告自己從別處聽來的想法。當一名意念蒐集者不僅有趣，別人還會感激你幫助他們掌握消息。

總結就是，我們已看到互動形態視覺化，可以如何幫助員工和管理階層塑造理想的意念流，因而改善組織的生產力和創造性產出。藉由幫助群體成員加深認識群體之中和群體之間的交流形態，我們可以提升他們的社會智力，這可造就更高的生產力和創造性產出。

我們也看到員工和領袖，可以如何運用自身的互動形態，直接改變意念流和激勵其他人培養良好習慣。將改善意念流、幫助所有人彼此交流和聯繫各群體視爲自身職責，或許能非常有效地提升績效。

在下一章，我將探討我們可以如何利用社群網絡誘因，更有系統地達成這些目標。我將說明我們可以如何利用社群網絡誘因極快地發展組織，幫助組織解決變動環境中的難題。

7 組織變革

利用社群網絡誘因創造即時組織，引導它們度過顛覆式變化

因爲社會科學（包括經濟學）可利用的數據相當貧乏，社會科學界難以了解變化的過程。以前因爲要蒐集足夠數量的連續、細緻數據十分困難，社會科學分析往往限於檢視變化的先決條件或是大型、緩慢的現象，例如人口結構變化或長期的健康趨勢。舉例來說，經濟學界向來便以分析均衡狀態爲主，但均衡狀態在人類世界中並不常見。

隨著數位媒體和其他大數據技術的誕生，這一切已經改變。如今，我們可以逐微秒（百萬分之一秒）觀察人類組織的演變，並檢視數百萬人之間的全部互動。因爲能夠觀察組織中的細緻互動形態，我們可以找到一些數學規律，利用它們可靠地調整組織的表現，並預測組織對新情況的反應。

在第二章，我重點說明發現意念和資訊所需要的探索過程，並證明我們可以利用社群網絡誘因來確保人們的探索足夠多元。在第四章，我證明社群網絡誘因可以用來強化合作，藉

此說明參與過程可以如何用來將意念轉化爲行爲規範。在這兩種情況下，推動社群從失敗轉向健康狀態的誘因，均是著眼於社交互動而非個人行爲。

接下來，我們來看看「紅氣球挑戰賽」（The Red Balloon Challenge）。在這個案例中，我和我的研究團隊利用社群網絡誘因建立了一個全球型組織，僅花了數小時便完成一項艱難的任務，打敗數以百計的團隊，奪得比賽獎金。我們採用的策略因爲非常新奇、有效，相關論文得以發表在《科學》期刊上，[1]後來更詳細的版本發表在《美國國家科學院院刊》（*Proceedings of the National Academy of Science*）。[2]

紅氣球挑戰賽是美國國防部高等研究計劃署（Defense Advanced Research Projects Agency, DARPA），爲了記念網際網路誕生四十週年而發起的一項比賽，旨在發現利用網際網路和社群網絡解決緊急搜尋問題的最佳策略。這種問題的例子，包括天災之後的搜索和拯救行動、緝捕在逃罪犯、因應必須即時關注的健康威脅，以及在選舉中動員支持者投票。這項比賽也凸顯了動態組織建設的困難，這種困難在大型特定專案，如電影拍攝或大型建築項目中十分常見，只是在紅氣球挑戰賽中時間緊迫得多。

在這種緊急社會動員的問題中，利用大眾媒體完成必要的動員往往不切實際，甚至是不可能的，原因包括接觸所有人的成本太高，以及災後基礎設施受損等。在這種情況下，我們往往必須靠分散的交流以散播資訊。例如，在卡崔娜（Katrina）颶風嚴重毀壞某些地區的通訊基礎設施之後，當地的緊急服務就必須仰賴業餘無線電志工轉播資訊。

在紅氣球挑戰賽中，參賽團隊必須找出部署在美國本土未公開地點的十個紅色氣象氣球。最快準確找出全部十個氣球位置的團隊，可獲得四萬美元的獎金。美國國防部高等研究計劃署指出，美國國家地理空間情報局（National Geospatial Intelligence Agency）一名資深分析師認爲，這個問題「不可能靠傳統的情報蒐集方法」解決。[3]

我的研究小組知道有這項比賽時，距離當局部署那些氣球只剩幾天的時間，雖然當時已宣傳這項比賽近一個月之久。當時已有近四千支隊伍報名參賽，雖然競爭激烈，我們認爲自己有望勝出，因爲這畢竟是我們的專長領域。我們在安莫爾．麥丹和伊亞德．拉萬的幫助下，迅速組織一支團隊參賽，成員包括萊利．克蘭（Riley Crane）、嘉藍．皮克德（Galen Pickard）、曼尼爾．希布萊恩（Manuel Cebrian）和潘巍。

與所有其他團隊不同的是，我們的策略不僅獎勵那些向我們準確報告氣球位置的人，也獎勵幫我們找來這些位置報告者的人。我們的團隊如果奪得四萬美元的獎金，我們會分配每個氣球四千美元。我們承諾第一個報告氣球準確位置的人可獲得兩千美元，邀請這名位置報告者進我們團隊的人可得一千美元，邀請這名邀請者進團隊的人可得五百美元，邀請那個人進團隊的人可得兩百五十美元，以此類推。獎金分配後若有剩餘，則會捐給慈善機構。

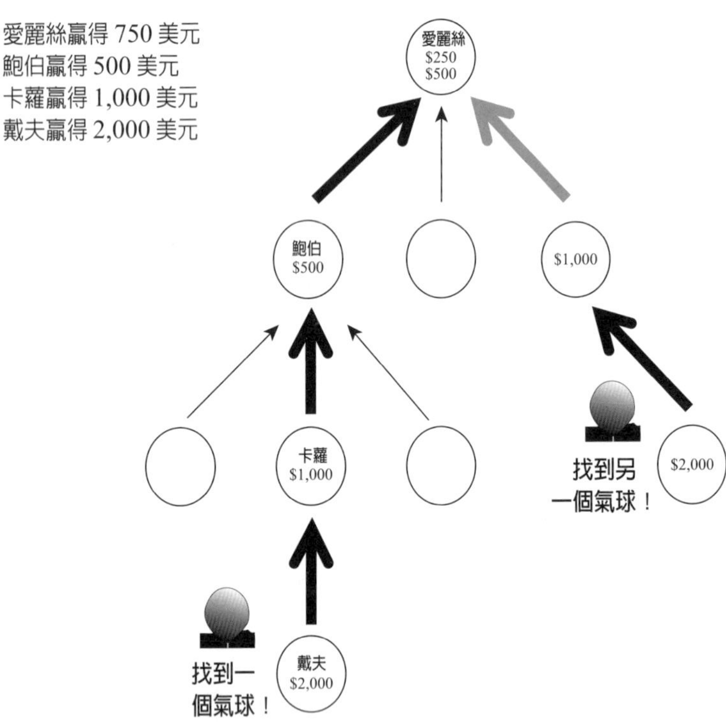

圖 12 戴夫是第一個向我們報告氣球正確位置的人，幫助我們贏得比賽。在此情況下，我們獎勵找到氣球的戴夫 2,000 美元。邀請戴夫加入的卡蘿獲得 1,000 美元，邀請卡蘿加入的鮑伯獲得 500 美元，而愛麗絲則因爲邀請鮑伯加入而獲得 250 美元。餘下 250 美元捐給慈善機構。

相對於每找到一個氣球，直接獎勵發現者四千美元的市場導向方法，我們的社群誘因方法有兩項關鍵差異。首先，直接獎勵法可能反而會阻礙人們散播有關我們團隊的訊息，因爲多一個人加入我們的團隊，意味著有更多人競逐獎金。第二，直接獎勵法會完全排除美國本土以外的人參與，因爲他們不可能發現氣球的位置。

這兩個因素對我們

贏得比賽有重大作用，因爲我們的「招募鏈」有時長達十五個人，而散播我們團隊資料的推特訊息，約有三分之一是美國以外的人發出的。獎金較廣泛分發的做法，使加入我們團隊的人大大增加，結果有超過五千人加入，包括一些位於美國以外的人，他們只是發電子郵件給可能找到氣球的人，便有機會獲得獎金。更令人印象深刻的或許是，我們發現，這五千名團隊成員平均每人通知了四百名朋友，也就是總共動員了近兩百萬人幫助我們尋找那些紅氣球。

因爲運用這種社群網絡誘因策略，我們的研究團隊僅花了八小時五十二分四十一秒，便找到全部十個氣球的位置。

即時組織

乍看之下，許多人認爲紅氣球挑戰賽是群衆外包（crowdsourcing）的一個例子，類似亞馬遜人端運算（Amazon Mechanical Turk）——用戶可透過該平台「雇用」成千上萬名獨立工作者，做一些簡單的個人工作。但這是老派的市場思維，許多應用這項策略的團隊，在紅氣球挑戰賽中失敗了。

關鍵並非僅在於我們可以動員許多人投入工作，也在於我們可以動員人們建立一個能完成工作的組織。這正是爲什麼我們不僅獎勵找到氣球的人，也獎勵那些對招募氣球發現者有功的人。我們提供給這兩類人的獎金大約相同，因爲建立工作網絡與實際的搜尋工作一樣重要。我們利用標準的個人經濟報酬，鼓勵人們向我們報告氣球的位置，但利用社群網絡誘因鼓勵他們幫我們招募氣球搜尋者。我們在這項比賽中使用的方法相當驚人，因爲它證明我們可以迅速建立一個成員數以千計的組織，而且在短短數小時便完成了一項極其困難的任務。

我們拿維基百科（Wikipedia.org）來比較一下。這套巨大的線上百科全書由志工建立，經常被視爲群衆外包的一個絕佳例子。雖然確實有很多人貢獻內容，但也有一群專注的核心編輯，他們努力多年，將維基百科不斷增加的內容整理得井井有條。這些編輯的招募形式，和我們爲紅氣球挑戰賽招募夥伴的方式相似，但維基百科的網絡誘因是社群性質而非金錢上的。一如我們的 FunFit 實驗，這些新編輯的行爲受社群網絡誘因左右，直到他們成爲一個有標準化共同做事方式、緊密合作的工作團隊。[4]

想像一下，如果我們利用眞正的群衆外包工作如亞馬遜人端運算，在並無社群網絡誘因和互動的情況下建立維基百科，情況會是怎樣？在那種情況下，參與工作的人互不認識，可能只會收到電子郵件提供工作指示。成千上萬、甚至數百萬人會被雇用來獨立創造內容，然後數百人會被雇用來審校這些內容以確保品質和完整性，還有一些人會被雇用來做其他必要的編輯工作，最後可能還需要一個中央管理小組負責制定政策和決定工作安排。我們不難看到，這種階層式群衆外包，將是低效能和成本高昂的，結果很可能是亂成一團。

不過，過去一個世紀以來，這種階層式群衆外包，正是多數企業的運作模式。員工坐在小隔間獨立作業，他們的產出會交給某些不知名的人做下一階段的處理，另一些不知名的人則利用一些檢查表做品質控管，最後會有一個中央管理團隊監督這一切。這就是為什麼傳統的百科全書製作成本非常高昂，而今天的多數企業則仍效率不彰，而且僅能緩慢改變。

這裡指出的核心問題，是這種老派的組織，是以市場思維建立的：激勵千人一面的員工做千篇一律的工作。因為這種組織結構使用的同儕網絡誘因很少（甚至是完全沒有），員工傾向各自為政，不會互助學習最佳做法或維持高績效。而因為員工與管理階層之間很少互動，他們也沒有機會互相學習，業務流程因此陷入僵化和低效能狀態。相對之下，在維基百科這個組織中，內容貢獻者與編輯的持續交流發展出一些互動形態，這些形態會演變以滿足這個迅速成長組織的需求。圍繞著這些互動習慣的同儕壓力，非常有效且高效地促成協調的行動。

壓力下的組織

紅氣球挑戰賽說明了一種極端的組織動態。不過，所有組織在某些方面均是動態的，而組織對新事件和環境做出反應時，其意念流網絡會出現一些可預見的變化。

想想參與的過程。這項過程促使組織建立某些習慣，並藉由社會壓力來實踐這些習慣。當群體面對變化時，它必須創造並實踐能幫助它適應新環境的新互動習慣。

一項新產品、一套新電腦系統或公司組織的改造，通常意味著所有人的工作均有所改變。各人必須協調的工作對象、各人的具體工作內容和分工方式可能因此改變，這一切意味著組織迫切需要創造和採納新習慣，組織內部因而有較大的參與需要。

員工的參與程度因應新挑戰而出現系統性變化，正是我們在研究中觀察到的現象。例如，當我的研究小組測量某德國銀行的內部互動形態時，其員工剛好驟然面對大幅增加的工作量（見第五章圖8）。[5]拜社會計量識別牌逐秒感測的能力所賜，我們可以看到員工的參與程度幾乎立即上升，這有助他們發展出應付新增工作量所需要的新工作方式。

我們監測一家約有一百二十名員工的旅行社經歷一輪裁員行動時，看到員工提升參與程度以發展出新組織習慣的另一個例子。[6]隨著留下來的員工開始形成新的互動形態以適應新處境，我們逐秒產生的社會計量數據顯示，員工的參與程度幾乎馬上飆升。有意思的是，最從容適應新互動形態的人，是裁員前最積極參與互動的員工。

或許有人會認爲，我們觀察到的參與程度提升，不過是反映組織中的人互相支持而已。但其意義實際上遠不止如此，因爲一如前面兩章所述，參與程度的變化也會改變生產力。高壓力情況會使組織成員的參與程度幾乎立即上升，因爲他們會開始彼此交談以研擬因應方式，然後開始建立較符合新處境要求的新互動形態。稍後隨著降低壓力的渴望，促使組織形成新的互動形態，互動網絡的變化會發揮類似社群網絡誘因的作用。

信任

信任源自人際間穩定、頻繁的互動，社群網絡先驅貝瑞．威爾曼因此認為社群中人際關係之強弱，大致上可用社交互動的頻率測量。[7]如第四章所述，威爾曼此論絕對正確，在我們的「朋友與家人」研究中，直接互動的頻率，能準確預測兩人之間的互信程度。而互信增強，可促進意念交流，進而提升生產力。

社群中人際關係之強弱，是第四章所述的參與實驗和紅氣球挑戰賽中的一個關鍵變量。在這些案例中，如果參與者動用的是原本已存在的個人關係，則合作是最有效的——所動用的關係愈是活躍，合作愈是有效。在紅氣球挑戰賽中，活躍關係在招募參與者上的效力，是一般關係的兩倍以上。在 FunFit 實驗中，關係活躍的夥伴所能施加的社會影響，是泛泛之交的兩倍以上。

我認為，在我們的紅氣球挑戰賽誘因結構中，最重要的是對社群關係的投資——有時稱為建立社會資本——而非個人財務誘因。對一般參與者來說，財務獎勵的預期值接近零。知道這項比賽、參與搜尋氣球的人真的是數以百萬計，而且參賽隊伍數以千計。因此，參與者或他們找來的人率先向勝出團隊報告氣球位置的機率約為百萬分之一，但還是有數以千計的人邀請朋友幫助我們搜尋。

我們的紅氣球挑戰賽事後訪談顯示，人們視邀請朋友參加爲表達善意的一種方式，如同與朋友分享一張免費的樂透彩券——你未必期望自己中獎，但分享彩券可加強你和朋友的關係。藉由這種分享，你是在建立互信和社會資本，你的朋友因此將比較可能禮尚往來，在其他事情上與你分享或幫助你。

與別人建立有力的關係對意念流有利，但有力的關係也可以用來施加壓力。在第四章的參與實驗中，參與者會因爲夥伴表現良好而獲得獎勵。對彼此的關係投入最多的兩個人，也就是互動合作最多的兩個人，是可以彼此施加最大社群壓力的兩個人。或者，換句話說，我們因爲眞的不想激怒自己的媽媽或相熟的同事，所以當他們希望我們改變習慣時，我們通常願意妥協。如第四章的實驗顯示，社群中有力的人際關係創造出一種環境，使同儕壓力成爲促進合作的最有力機制。

參與、信任和人們合作能力之間的關係，可能正是羅伯特·普特南（Robert Putnam）經典著作《獨自打保齡：美國社區的衰落與復興》（*Bowling Alone*）的主旨；該書強調公民參與和社會健康的關係。[8]傳統的市場思維，會使我們成爲彼此競爭的人，但我們並非只是競爭者，我們還是意念、商品、善意和資訊的交易者。在生活的各個領域，我們會發展出一種信任關係網絡，並偏愛這些關係甚於其他。這種信任關係網絡之中的交流促進意念流，創造出一種包容、有力的文化，是社會集體智慧的根基。在第五章，我說明意念流如何直接促成群體和公司中的生產力和創造性產出之提升。在第九章，我將證明整個城市也有相同的情況。

以這種方式了解我們自己，可能對社會的特質有重大影響。因爲意念流創造文化、支持生產力並促進創造力，我們應更重視有助增強意念流的職業，例如教師、護士、牧師、從政者，以及替慈善機構或破落城區醫院工作的醫生和律師，包括公設辯護律師等。爲有助強化社會結構的工作提供較佳的報酬，將使我們得以在個人抱負和社會健康之間達致較可持續的平衡。

下一步

本書以前面這三章，闡述了意念流如何影響工作團隊和組織的集體智慧，以及我們可以如何應用視覺化技術來改善意念流。最後，在這一章，我們闡述了社群網絡誘因可以如何用來發展組織和幫助組織經歷變革。在本書的下一部，我將說明這些社會物理學概念可以如何應用在城市上。我的目標是描繪資料導向城市的可能面貌，以及闡述我們可以如何應用大數據和社會物理學，來打造更富生產力和創造力的城市。在本書的最後一部，我將探討爲了創造更光明和安全的未來，隱私、管理和政府必須做出哪些改變。

社交訊號

在我探討人際溝通的著作《誠實的訊號》(*Honest Signals*）中，我說明了一件事：無論內容如何，互動形態可準確測量意念流和決策。[9] 一如我們發表於《自然》的論文中指出，這是因爲互動形態——誰打斷誰講話、人們多常講話和與誰交談——是主導地位、意念流、同意和參與的社交訊號。[10]

因此，我們通常可以完全忽略討論的內容，僅靠可見的社交訊號，便能預測一場談判或推銷簡報的結果、群體決策的品質，以及各人在群體內擔任的角色。

這些社交訊號與現代人的語言如何互相影響？在演化過程中，有用的東西很少會遭到摒棄。舊能力通常會獲得保留，並在其基礎上建設額外的結構；舊結構也可能成爲新事物的一部分。當我們的語言能力開始演化時，我們既有的示意機制會被併入新設計中。結果是，我們古老的社交訊號，仍然對現代人的交談形態有很大的影響。

在數項有關小群體解決問題的研究中，我們用儀器測量他們的社交訊號和互動形態。我們發現，心理學家辨識的各種社會角色，也就是主角、支持者、攻擊者和中立者等，會使用不同的社交訊號；他們的發言長度、打斷別人講話的情況，以及發言的頻率因此各有不同。[11]

資訊內容方面也是這樣：貢獻新主意的人，講話方式異於引導群體回到某個舊主意的人或中立的人。因此，我們不必聽發言內容，即可利用各人的互動形態辨識他們的功能角色，看他們是追隨者、定向者、給予者或搜索者等。

一如社交訊號決定猩猩群中的統治地位，現代人的交談形態，也決定各人在其社群網絡中的地位。特別值得注意的是，我們觀察群體中誰控制談話，也就是誰發起談話、誰打斷別人講話等，便能了解當中的社會結構。[12]

在這裡舉個例子，我們測量我們實驗室二十三名成員的交談形態兩週之久，發現各成員對交談形態的影響力，幾乎可完全準確預測他們在社群網絡中的地位。[13]這些實驗有力地顯示，對交談形態的影響力，可準確反映個人對周遭社群網絡的影響力。

雖然我們都熟悉許多此類社交訊號，但有些訊號是我們較難自覺感知的，比方說，情緒感染便是一個大家熟悉的例子。[14]如果群體中有人顯得快樂、活潑，其他人通常也會變得較積極和興奮。此外，這種訊號導致的情緒效應，也會降低群體的風險意識和強化群體成員之間的關係。

人們傾向自動和不自覺地互相模仿。[15]雖然基本上是不自覺的，這種模仿行爲對參與其中的人有重要影響：它會增強這些人之間的同理心和互信。因此，在一場談判中，雙方若是大量模仿彼此的行爲，無論是誰先開始模仿，談判通常會比較成功。這些訊號的根源，全在於人類神經系統的生理運作。模仿據信是與皮質鏡像神經元（mirror neurons）有關；這種神經元是分散的腦結構的一部分，似乎是靈長類動物所獨有，其功能在人腦中尤其突出。鏡像神經元對其他人的行爲做出反應，提供人際間一種直接反饋管道。這種功能的例子之一，是人類新生兒雖然還沒有什麼協調能力，卻驚人地懂得模仿父母的面部表情。

我們的活動水準與我們的自主神經系統狀態有關，這是極其古老的神經結構。每當我們必須提升活動量，例如面對「戰或逃」（fight or flight）的處境或處於性興奮狀態時，這個系統便會提高我們的活動水準。另一方面，當我們的自主神經系統變鈍時，例如當我們嚴重憂鬱時，我們通常會變得無精打采、反應遲鈍。因爲自主神經系統功能和活動水準的關係夠緊密，我們可以藉此準確估計憂鬱的嚴重程度。

事實上，由於這些訊號的形態非常清楚，如今它們已有商業應用，可用來鑑別精神健康狀況（如憂鬱症）和監督病人治療期間的投入程度。詳情可參考 cogitocorp.com，這是由我創辦、從麻省理工學院分拆出來的一家公司。

第 3 部

資料導向的城市

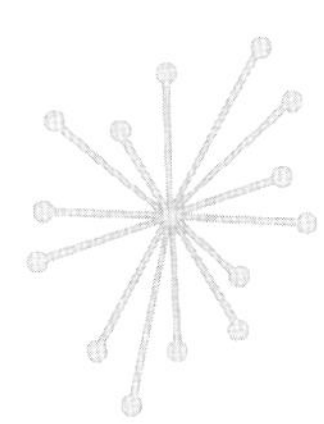

8 感測城市

行動感測技術使城市變得更健康、安全、高效率

維持健康、安全和高效能的社會，是可追溯至十九世紀的一項科學和工程挑戰，當年工業革命促使城市快速成長，製造出巨大的社會和環境問題。當時的解決方案是建立集中式網絡，供應乾淨的水和安全的食物，便利商業，減少浪費，供應能源，並提供中央控管的醫療、治安和教育服務。

但這些古老的方案日趨過時，如今我們有許多交通嚴重擁擠的城市，世界各地的疫症爆發看似勢不可擋，政治體制陷入僵局、動彈不得。此外，我們還面對許多難題，包括全球暖化，能源、水和食物供應不確定，以及人口不斷增加——未來需要建設一千座人口百萬的城市。

不過，這些難題是可以解決的。我們的城市可以有很高的能源效益，有安全的食物和水供給，以及優秀得多的政府。但是，要達到這些目標，我們必須徹底檢討現行的做法，不能

滿足於按職能分隔的靜態系統，包含水、食物、廢棄物、交通、教育和能源等，必須視它們爲動態和整體的系統。我們需要由公民的需求和偏好來推動的自我調節聯網系統，而非僅關注服務可取得性與分配的系統。

爲了社會的永續未來，我們必須利用新科技建立一個「神經系統」，藉此維持全球各地的政府、能源和公共衛生體系的穩定。我們目前的數位反饋技術，已經有能力創造複雜大型現代社會所需要的動態反應，我們必須利用這些技術，在某種控制架構中再造社會體系。這個架構首先感測我們的處境，然後結合這些觀察與需求和動態的反應模型，最後再根據這些模型所產生的預測調整系統，以配合系統面臨的需求。[1]

目前城市資料最重要的產生器，是我們非常熟悉的工具：無所不在的手機。如今，手機實際上是一種個人感測裝置，而且功能一代比一代強大、精密。除了蒐集用戶位置和通話形態等資料外，我們還可以繪製社群網絡圖，甚至是藉由分析如今極其普遍的數位通訊，來評估人們的情緒狀態。消費者也開始用手機掃瞄標籤來購買商品，以手機資料爲基礎的「數位傳記」（digital biographies），因此增添了財務和商品選擇的資料。此外，隨著智慧型手機繼續演變成運算能力強大的個人資訊中心，它們將產生更多有關人類行爲的資料。

無線裝置結合網路，構成這個演化中的數位神經系統的耳目。因爲運算和互動技術以驚人的速度進步，加上基本經濟力量的作用，這個系統的演化將加速。網路速度將加快，裝置將有更多感測器，而以理論模型描繪人類行爲的技術，將會變得更準確、更精細。

建設一個數位神經系統所需要的許多感測和控制要素已準備就緒，目前所欠缺的是兩項關鍵要素：首先，是可令系統正確運轉的社會物理學，具體而言是需求和反應的動態模型；其次，是我所謂的「資料新政」，也就是保障隱私、穩定性和政府運作效率的一個架構和一套法律政策。

行爲人口群

商業運作和政府服務，如今全都仰賴人口資料的指引。哪些社區是住宅區？哪些是工業區？有多少人在這裡工作或居住？他們有多富裕？遺憾的是，如今蒐集這類資料必須付出高昂的成本。舉例來說，在美國，政府每十年才做一次人口普查，而相關資料可能很快便過時。在世界許多地區，這些人口資料根本就不存在。拜手機普及所賜，我們有可能越過人口資料，直接測量人類的行爲。藉由人們留下的數位麵包屑所貢獻的資料，我們能較快回答諸如下列的問題：人們在哪裡吃飯、工作和休閒？他們走哪些路？和哪些人互動？

圖 13 顯示舊金山市內的活動形態，是根據舊金山的科學探索博物館（Exploratorium）蒐集的手機 GPS 資料繪製的。這些形態以不同深淺的灰色表示，代表餐廳、娛樂場所、服務商店、辦公大樓等地方的常見活動類型，例如購物、日常雜務和旅遊等。這些活動在日夜

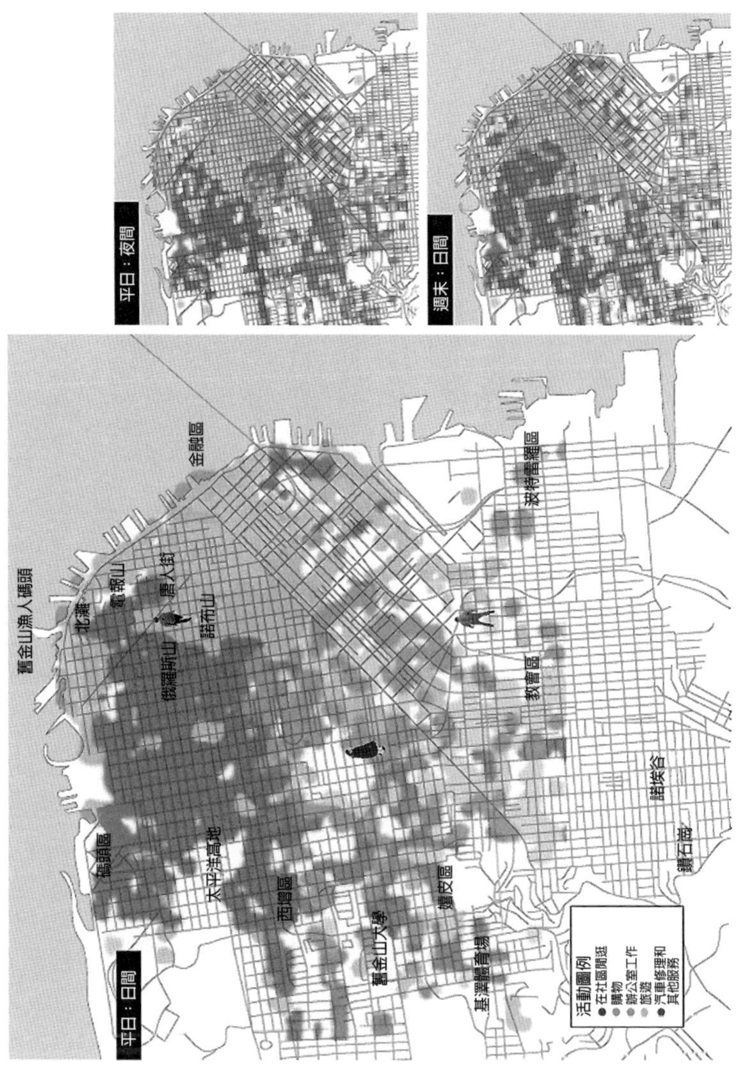

圖 13 用手機 GPS 資料做現實探勘。在城市中人類活動的形態，以共同活動形態決定灰色的深度。活動形態顯露出以可預見方式變化的明確節奏。

圖片來源：由「感應網絡」（Sense Networks）公司提供。

之間和平日與週末之間，有某種可預見的節奏。這些資料由麻省理工學院分拆出來的公司「感應網絡」（Sense Networks）建立（我是共同創辦人之一），我們可以藉此即時分析數千萬人的行動和購買行爲。[2]

圖13沒有顯示的，是人口由不同群體所構成，這些群體有時也稱爲「夥」（tribes）。每一夥的成員選擇去相同的地方，吃類似的食物，享受相同的娛樂，這些選擇使他們成爲某個行爲人口群（behavior demographic）的成員，因爲他們的行爲選擇性地顯露他們的基本偏好。此外，因爲這些群體的成員會花時間共處，社會性學習過程得以產生作用，促使群體發展出行爲規範。這一切可能與群體成員的自覺偏好毫不相干，他們甚至可能完全沒有察覺到這一切；不過，屬於同一個行爲人口群的人，會有相似的飲食習慣、相似的服飾、相似的財務習慣，以及面對權力的相似態度，因此會有相似的健康狀態和職業生涯軌跡。

在我的經驗中，根據前述行爲人口群預測消費偏好、財務風險和政治觀點的準確度，往往是根據按郵遞區號劃分的地區人口群預測的四倍以上。它們也能準確預測人們罹患行爲疾病——如糖尿病或酗酒——的風險。一如第三章所述的「朋友與家人」和「社群演化」的研究，城市中的社會性學習和社會規範形成的過程，是由觀察同儕行爲所驅動，也就是由人們嘗試融入自己選擇的同儕群體的努力所驅動。

除了了解人們的偏好，我們還能更深入了解人們日常習慣的節奏。多數人在時間的運用上受到許多限制，因此工作有時、睡覺有時、玩耍有時。用餐時間、下午茶時間，以及與朋友相聚的時間，均遵循某種每天或每週的規律。但我們的整體生活形態又如何呢？如圖13顯示，我們出門和回家的時間，決定了城市的節奏，也決定了交通、能源、娛樂和食物的尖峰需求。[3]

對多數人來說，首要的形態取決於平日的工作：何時上班、何時回家，以及走什麼路（通常每天相同）。第二重要的形態是週末和休假，典型行爲是到住家或工作場所以外的地方休閒，可能包括在外留宿。我們在公餘時間去哪裡和做些什麼，幾乎一如我們的工作形態那麼有規律，這點可能出人意表。不過，第三種形態則是不可預測的，那就是我們的探索活動，通常是購物行程或短途旅遊，其特別之處在於沒有緊密的組織。這三種形態通常占我們的行爲九〇％或以上。

我們可以藉由結合這些時間習慣和前述的行爲人口群，大大地提升社會的管理水準。了解城市中的典型行爲形態，有助於我們更妥善規劃城市的交通和服務，促進城市發展。具體而言，我們可以根據持續流動的人類行爲資料，準確預測交通量、用電量，甚至是街頭犯罪案和流感傳播情況的變化。如後續各個段落所述，這些資料導向的預測，使我們得以爲需求尖峰做好準備、妥善管理相關服務。這也意味著我們可以對緊急情況或災難做出更好的反應，因爲我們可以知道什麼人將於何時出現在何地。知道有糖尿病風險的人何時在何處吃飯，或是不善理財的人在何處消費，也可能對改善公眾健康和公眾教育大有幫助。

在後續的段落中，我將闡述這個新神經系統可以如何改變我們的生活，主要是引用交通和健康方面的例子。有關改造政府、創造學習環境，以及增強文化創造力的例子，將在稍後各章敘述。

交通

利用數位麵包屑眾所周知的例子之一，是根據駕駛人手機提供的GPS數據，逐分鐘更新交通情況。拜此所賜，我們得以更準確地偵測交通擁擠形態和估計行車時間，這項功能的簡化版本已內建在世界各地的汽車導航系統中。我們很容易想到，這些資料結合個人行程安排，便能設計出避開塞車的個人交通安排。企業也可以應用這個原理，將送貨和通勤的交通量，分配到不同的時段和路線，藉此提升通路網絡的效率。

不過，這些僅只是很表面的應用。當我們檢視汽車本身的無線通訊系統時（也就是類似通用汽車 OnStar 的系統），我們發現可以相當準確地預測某個駕駛人何時可能發生意外。舉一個簡單的例子，我們可以集合危險狀況訊號：如果其他汽車剛剛走上你正在行駛的道路，並出現緊急煞車事件，則你發生意外的風險便相當大。如果你的車開得比其他車快，則你是在冒頗大的危險。基於這種大數據的警告，可以大大降低事故率。[4]

我們也可以藉由結合習慣和偏好資料與氣象等數據，大幅改善維持城市生命力的各種流量，也就是靠卡車、列車和管線在城市中流動的各種東西。預測城市運轉節奏的能力，可幫助企業爲需求的尖峰和低谷做好準備，並且理順配送網絡。除非是在尖峰時間，典型的城市巴士系統每加侖燃油，只能運載一名乘客一哩路，但我們還是得讓這些大型巴士在路上跑，因爲有時會有突如其來的大量乘客必須服務。城市規劃也能獲得改善，因爲如果我們知道市民何時將前往何處，便能規劃城市的發展，以盡可能降低交通量和節約能源，同時提升便利性。[5]

最有意思的構想，可能是利用交通網絡提升城市的生產力和創造性產出：我們可以利用有關居民習慣的資料設計公共交通系統，以促進城市中的探索活動。人們早就觀察到，社區若處於實體孤立的狀態，其社會結果較差。[6]這與第二章闡述的概念有關：我們當時提到，群體之間的探索可提升生產力和創造性產出。在城市的層面，這意味著城市中有多少社區可方便地探訪，決定了探索的步調，進而決定了創新和生產力成長的幅度。如下一章所述，替城市設計快速、均一收費的交通系統，藉此促進鄉村式社區和大型商業和文化中心區的發展，可能是改善貧窮社區和提升整體生產力最簡單、最便宜的方法。

健康與疾病

在公共衛生方面，人們熟悉利用大數據改善社會的例子之一，便是「Google 流感趨勢」（Google Flu Trends）。這個服務藉由計算各地區搜尋「流感」（flu）一詞的次數，來預測流感的爆發。搜尋流感資訊的次數若顯著增加，則該地區感染流感的人很可能增加了。這種技術有重要作用，如可協助疾病管制署偵測新流感病毒、預測相關藥品的需求，以及幫助醫院、市政當局和企業預測生病的人數。

前述的應用，同樣只是觸及數位神經系統對公共衛生潛在貢獻的表層。在此之前，醫生一直沒有辦法以量化方式，測量人生病時的行爲變化。因此，有關傳染病傳播的多數研究，往往假定人的移動和互動形態在感染疾病時幾無變化，也就是假定病人的日常行爲形態大致不變。[7]

但手機資料證明事實並非如此，當人們生病時，行爲幾乎一定會有所改變。博士生安莫爾．麥丹、董文和我發現，當人們生病時，行爲會以有規律、可預見的方式改變，而我們可以利用手機中的感測器來測量這些行爲變化。

我們發現，人們出現喉嚨痛和咳嗽症狀時，他們的正常社交形態中斷了，會開始與更多不同的人互動——這對病毒是好事，但對人類是壞事。我們發現當人們感冒時，總互動量和夜間互動會增加，他們似乎會約朋友在下班後見面。[8]

到了感冒稍後階段，出現發燒和其他症狀時，我們發現感冒的人，會大幅限制自己的行動——這對其他人是好事。此外，表示自己感到巨大壓力、悲傷、孤獨或憂鬱的人，在出現這些症狀的日子，會陷入社交孤立的狀態。這些例子均說明手機在監控個人健康狀態方面，擁有巨大的潛力。

因爲呼吸道症狀、發燒、感冒、壓力和憂鬱等問題的相關行爲變化，在所有人身上均類似，但每種問題都與其他問題不同，我們實際上光是看一個人的行爲，便能判斷其整體的健康狀態。比方說，我們可以設計一款手機應用程式，悄悄監測異常的行爲變化，藉此判斷當事人是否正要罹患某種疾病。這種積極的保健措施，對病人很可能會少報的狀況，例如精神健康衰退或老化等相關問題，可能非常重要。這正是支撐 Ginger.io 這家公司的構想，這家公司是我和學生安莫爾・麥丹共同創辦的，以他的博士研究爲基礎。[9]

如果我們再進一步應用，集合某群人口的這種行爲資料，並與這些人之前數天何時前往何處的資料整合起來，那麼就可以描繪出整個地區的感染風險，如圖 14 顯示。[10] 這張圖表示，該地區在某個時刻哪裡感染感冒的風險最高，哪裡風險最低。

在個人層面追蹤流感等疾病的能力，對我們防止疾病擴大流行有很大的幫助，因爲我們能在感染者將疾病傳播出去前，便提醒大家採取適當的預防措施。即時流感追蹤之所以能發

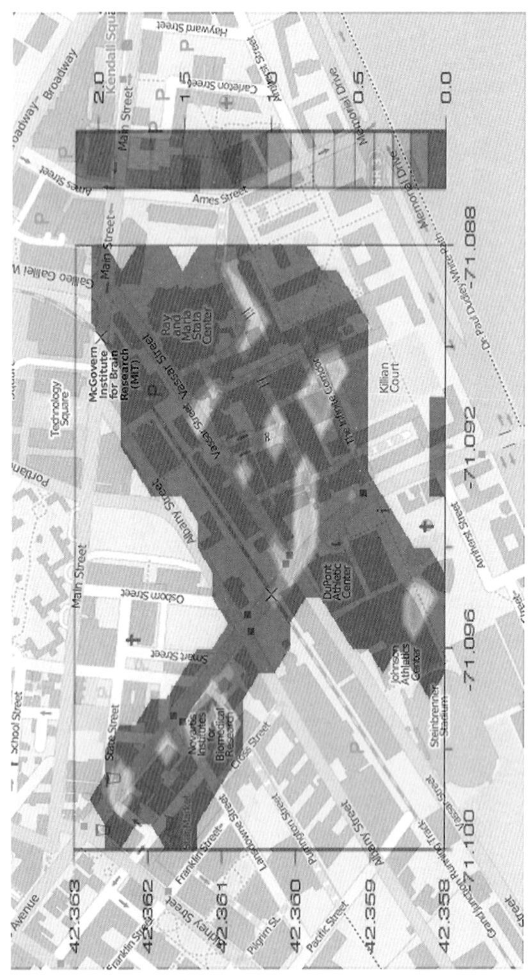

圖 14 顯示人們互動情況和感染感冒風險的地圖。深色區域是我們有資料的地區，其中的淺色區是較可能感染感冒的地方。

揮作用，有賴結合兩方面的資料：(1) 有關個人行爲形態改變的資料，因爲當人們染病時，我們可以測量到這些形態預期中的變化；(2) 位置資料，因爲靠空氣傳播的疾病，主要是經由人與人面對面的互動散播。

具體而言，我們可以利用有關人們生病時，行爲將如何改變的知識，並藉由手機中的感測器測量相關行爲，藉此估計每個人生病的可能性。董文已經證明，利用疾病傳播的數學模型，集合這些個人染病機率，我們可以畫出類似圖14的地圖。因爲該圖顯示每個地點的感染風險，我們可以用它來避開染病風險最高的地方。[11]

在個人層面，即時追蹤疾病的需求，正逐漸變得日益迫切。隨著人與商品的流動，使世界各地的關係日趨緊密，傳染病在全球大流行的風險也上升了。近年來，嚴重急性呼吸道症候群（SARS）和其他嚴重傳染病爆發時，相隔很遠但互有往來的社會迅速遭受感染。因此，無論是SARS、H1N1流感或其他傳染病，疾病大流行的危險已大幅升高。

逐個人、逐分鐘觀察傳染病傳播的能力，使我們得以採取眞正有效的預防措施。事實上，有些傳染病專家認爲，在未來肯定將出現的疾病大流行中，這是我們防止數億人死亡的少數希望之一。[12]

介入社群網絡

不過，在我們資料導向城市的願景中，有個問題揮之不去，那就是我們要怎麼建立人們眞的會使用的系統？系統必須符合人性，否則人們會忽視它或濫用它。若想建立既以人爲本，又資料導向的城市，我們必須將社會物理學的有用概念，融入這城市的每一方面。

當前城市的系統設計，往往仰賴財務誘因，例如相對於郊區，市中心的道路使用費較高，賦稅也較重。可惜經驗顯示，這種做法極少有良好效果，尤其是在各種公地悲劇的情況下。

此外，運用財務誘因是優待有錢人。舉例來說，有些城市爲了解決塞車問題，對行經某些地區的車輛收取較高費用，在這種情況下，有錢人可以自由前往任何地方，窮人的行動則受到限制。這種情況尤其令人擔心，因爲探索促成創新，限制窮人的探索活動，因此會降低貧窮社區發展和自我改善的能力。

相對之下，運用社會物理學建立社會規範，則仰賴影響社群網絡。下列是站在社會物理學的角度，自然會想到的三種介入社群網絡的方式。

社會動員

第七章闡述的紅氣球挑戰賽，便是應用了社會動員技術，這種做法對某些任務，例如尋找失蹤兒童、緝捕逃犯，以及在地震或龍捲風等災難後籌集關鍵物資，極其重要。在紅氣球挑戰賽中，我們應用社群網絡誘因，招募了很多夥伴，幫助我們在很短的時間內解決了一個難題。

在我看來，這種誘因的首要用途將是創建新組織，而非解決短期的危機。我已看到政治運動利用這種誘因吸引基層工作人員，而新創企業則用它來招聘新員工。

調整社群網絡

第二種介入方式是調整網絡，以確保意念足夠多元。如第二章所述，當人們能看到各種各樣的他人決定及結果時，決策品質可大幅提升。但這種群眾智慧現象，有一種例外情況，那就是當社群網絡非常緊密、形成一種回音室時，同樣的想法不斷流傳，反而會降低決策品質。

爲了解決意念不夠多元和回音室的問題，我們藉由提供小誘因給社群成員，調整了社群中的意念流，使得孤立的人增加與其他人的互動，而陷於回音室的人則減少社群中的互動，轉向社群外的探索。

如今，我們開始將這種調整應用在其他社群網絡上。例如，想像一下，我們可以如何調整企業用來擷取員工智慧的意見網絡？公司的目標是運作順暢，而員工理應記錄他們如何嘗試解決問題和結果如何，而不是提供像許多網站上的商品評論那樣的意見。有些公司甚至會提供經濟誘因，以鼓勵員工提出意見，若他們提出特別有用的意見，將可獲得一筆獎金。

不過，除了蒐集意見之外，意念、反應和後續建議之間的聯繫形態，準確顯示了意念傳播的網絡。這進而方便我們測量意念流，使我們得以測量意念和反應的形態，看到群體正在考慮的意念是否足夠多元，並釐清群體中是否正出現有效的社會性學習。因此，我們可以告訴一個群體，他們正檢視的意念是否足夠多元，藉此幫助他們做出可靠的好決定。

我們也可以替時事部落格和類似的公民媒體建立多樣性評級，避免單一利益團體以資訊淹沒大家。這種調整介入，對處理我們這個高度連結新世界的某些弊病十分重要。如今，各種流行風潮和恐慌，似乎持續影響我們的社會，導致過度反應和壓力，使我們無法專心做較需要耐性的工作，去建設美好的世界。調整我們的新聞網絡，以減少謠言和扭曲資訊的一再流傳，或許有助我們專注做真正重要的事。

利用社群參與

第三種網絡介入方式，是利用社群網絡誘因提升在地社群對某些問題的參與，這種介入有助解決公地悲劇的問題。如第四章所述，基於其他人的行爲改善提供獎勵，會產生促進合作的社會壓力，而這種社會壓力促成的行爲改變，總是大於獎勵當事人自身的行爲改變。

這種構想可以有較大規模的應用。第四章提到，二〇一〇年，臉書上一個「出去投票」的運動，以六千一百萬人爲目標，其直接影響並不是特別大，但藉由允許人們與朋友分享「我已投票」的訊息，這個運動在面對面關係網絡中產生社會壓力，大幅提高了投票的人數。第四章看過的另一個例子，是我的研究小組和蘇黎世聯邦理工學院的同儕合作，在電力公司的網站建立一個社群網絡，鼓勵當地家庭組成在地夥伴群體。這個網絡應用社群誘因，而非標準的經濟誘因：當人們省電時，獲得獎勵的是他們的夥伴。由此產生的社會壓力，促使用電量降低了近一七％，效果是之前節能運動的兩倍。[13]

從數位神經系統到資料導向的社會

今天，我們已經有一個具感測和交流功能的數位神經系統，可以將我們的城市改造爲資料導向、動態和反應靈敏的有機體。[14]健康、交通、能源和安全方面的驚人改善，都是可以辦到的。[15]如第十一章將闡述的「以數據推動發展」專案顯示，即使僅靠低分辨度、匿名的總合資料，研究者也能輕易提出方案，改善交通逾一〇％，改善健康逾二〇％，並對減少種族暴力做出重要貢獻。達到這些目標的主要障礙在於隱私顧慮，以及我們對個人與社會價值的折中，仍然未有任何共識。

我們不能忽視這種神經系統可以提供的公共財，下一波流感大流行可能導致數億人死亡，但看來我們現在已經有辦法遏制這種災難。此外，如下一章所述，我們不僅可以幫助城市大幅節約能源，還可以塑造城市和社區，以減少犯罪率並提升生產力和創造性產出。或許正如你的預期，關鍵在於利用社會物理學塑造意念流。

9 城市科學

社會物理學和大數據如何徹底革新我們對城市和發展的理解

美國前總統湯瑪斯·傑佛遜（Thomas Jefferson）的名言之一，是將十八世紀的城市稱爲「種種腐敗人性的排泄處」。但是自傑佛遜的年代以來，世界的城市規模已成長一百倍，而且這種成長趨勢至今不衰。現今的城市人口百分比，是人類歷史上最高的。[1]爲什麼儘管生活成本高漲，而且犯罪活動、污染和傳染病處於高水準，人們還是堅持遷往城市？[2]或許亞當·斯密說得對：城市中心不僅特別腐敗，創新能力也特別強。[3]

雖然人類已積極研究城市超過一個世紀，我們對城市環境傾向促進創新的原因，至今仍未能提出一套具說服力的說法。城市確實不斷在創新，相對於農村地區，城市地區的資源運用效率較高，以較低的人均道路和服務量，產生較多的專利和發明。[4]較多人住在一起，爲什麼能以較高的效率產生各種想法、提升生產力？有些人認爲是技術擴散，促進智慧資本的形成，[5]也有人認爲是階層式社會結構和專業化的作用。[6]

城市的社會物理學

如我在本書之前各章所述，群體和企業的創造性產出和生產力，是以社群網絡互動和意念流爲主要驅動因素。這些社會物理學概念的可擴展性，在社會科學中幾乎獨一無二。如本章將說明，它們不僅適用於小群體和企業，還可在城市的層面應用，在這些大得多的社會網絡中，促進生產力和創造力。一如企業，城市也是意念機器。

在學生和學界同儕潘巍、克拉柏·哥夏爾（Gourab Ghoshal）、可可·庫瑪（Coco Krumme）和曼尼爾·希布萊恩的幫助下，我已設計出一個數學模型，基於面對面接觸距離內的人數，描述社會聯繫如何驅動城市中的意念流。如我們在科學期刊《自然通訊》（*Nature Communications*）中所述，我們因此得到了一個簡單、由下而上和強健的模型，可用來量化預測國內生產毛額（GDP）和創造性產出。[7]我們也證明沿著社會聯繫的意念流，可以準確地複製城市特徵，例如愛滋病感染率、電話通訊形態、犯罪率和專利申請率等。我們因此得到了一些見解，增進了對如何改造城市以提升創造力和生產力，同時盡可能減少犯罪活動和其他弊病的認識。

必須注意的是，這種社會物理學的城市觀，異於階級和專業化的經典模型，因爲它集中關注意念流，而非靜態的社會分隔。就此而言，社會物理學類似那種以工廠的鄰近程度和貨物運輸成本，來解釋城市製造效率的模型。[8]差別在於，社會物理學在概念上視城市和企業為意念工廠，因此關注焦點是意念流而非貨物流。

就此而言，社會物理學也是在探討社會學、地理學和經濟學長期以來關注的課題：人口密度與創新、創造力，以及沿著社會聯繫的擴散有何關係？[9]社會物理學的重要新貢獻，是將這些概念整合進單一數學模型中，可以用密集、連續的行為數據，以及可得的經濟和社會結果數據檢驗。社會聯繫密度和意念流，不必訴諸層級結構、專業化或類似的社會構造，便能為人類互動形態、移動形態與城市經濟特徵，提供簡單和具生產性（generative）的連結。如本章其餘段落將解釋，真正重要的是意念的流動，而非階級或市場。

城市中的社會聯繫

下列這個概念，妥善描述了城市中的社會聯繫形態：兩個人建立某種關係的可能性，取決於「干預機會」的數目。這個概念的核心意義其實很簡單，它不過是指出：如果一群人中有很多可以成為朋友的人，則你和當中某個陌生人成為朋友的可能性會比較低。舉個例子，利班．諾威爾（Liben-Nowell）及同事研究某個日記網站的成員，畫出他們的朋友和泛泛之交住在多遠的地方。[10]他們發現，就多數朋友而言，兩個人建立社會聯繫的可能性，會根據在兩人之間的地點消磨時間的人數，按比例平滑下跌。[11]類似關係也出現在 Gowalla 這個應用程式中，這個定位社群網絡記錄使用者和他們的朋友在哪裡「打卡」，相關資料使研究者得以看到朋友之間住得有多近，以及他們多常去同樣的地方。[12]這項研究得出一條簡單的數學公式，描述一個多數人預期中的現象：人們傾向和住在附近的人有很多的社會聯繫；住得愈遠，社會聯繫通常愈少。[13]

不過，這種有關社會聯繫的數學關係，有其他更有意思的應用。舉例來說，愛滋病[14]等疾病的傳播，看來顯然取決於社會聯繫的分布，而電話通話的形態也是這樣，只是兩者間的關係大不相同。[15]這兩種截然不同的現象——電話通話形態做爲某地區人口的函數，以及愛滋病個案頻率做爲每平方哩人口密度的函數——可以用距離與藉由分析網站和社群網絡測量到的社會聯繫數目之間的相同數學關係概括嗎？

圖15顯示，我們的社會聯繫模型準確描述了，這兩種社會形態如何隨著人口密度增加而改變。這兩張圖顯示，有關社會聯繫與距離關係的同一個簡單數學模型，能爲面對面、電話、網路和社群網絡互動提供一致的預測。一個量化預測模型適用於這麼多的現象，而且適用的規模如此多樣，在任何一個科學領域均相當罕見，在社會科學界更是近乎聞所未聞。

這些城市中的社會聯繫形態，在規模較小的群體結構中，均可找到非常相似的版本。一如我們的企業研究（第五章和第六章）顯示，我們較密切的社會聯繫支持社群參與，因爲這些人較可能彼此交談，提供將意念轉化爲行爲的助力。另一方面，我們較疏遠的社會聯繫則

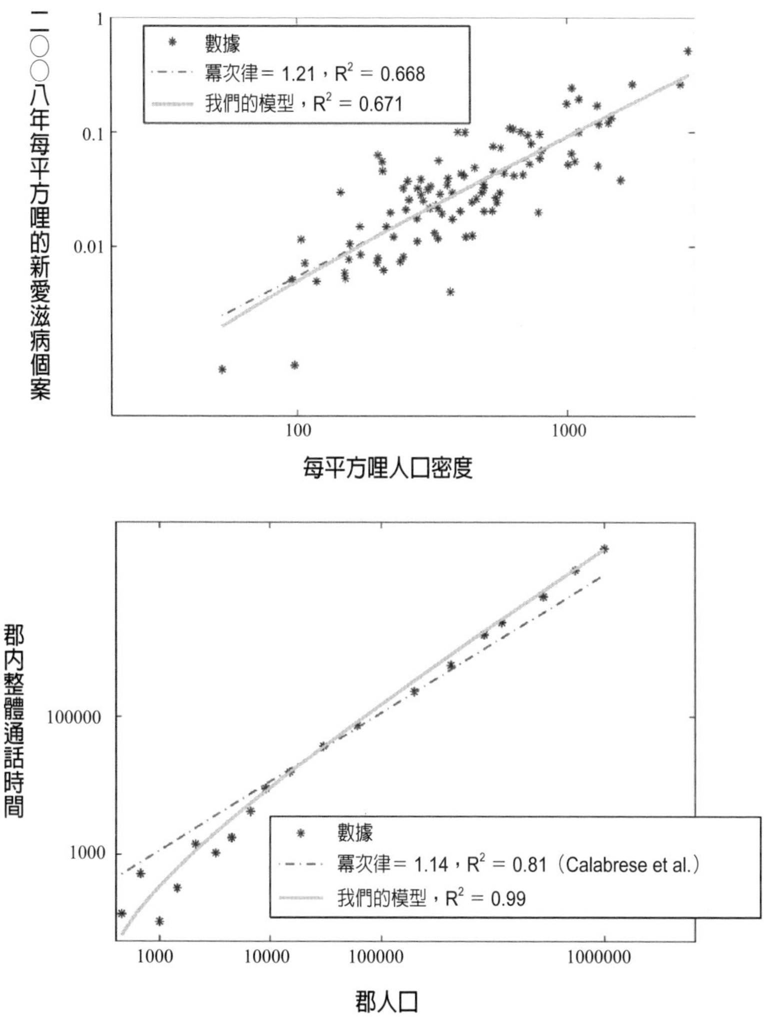

圖 15 社會聯繫密度能準確預測電話通話形態和愛滋病個案頻率。

支持探索，因為我們在新環境中認識新的人，並從他們身上獲得新意念。

不過，就企業而言，工作團隊與「他者」之間，通常具有明確的界線。但在工作以外的生活中，在我們與其他人的整體互動形態中，探索與參與之間通常沒有明確的界線。也就是說，如果我們檢視自己的全部互動，會看到人們有許多社會角色，如母親、同事、公民、爵士樂愛好者等，而每個角色均是與一群不同的人互動，因此參與和探索的功能，是跨越一個人的全部社群網絡結合起來。

探索城市

先前各章闡述了我的團隊利用手機、社群網絡和社會計量識別牌等來源貢獻的大數據資料所做的一些研究。檢視人類行為的另一種大數據資料是信用卡數據，藉由與美國某大金融機構的一項協議，可可．庫瑪和我在她的博士論文研究中，分析了美國近半工作人口的信用卡使用數據——別擔心，我們看不到這些人的信用紀錄。[16]

圖16顯示一名成年人一個月間的典型購物形態，較大的圓圈代表當事人較常到訪的地方，較小的圓圈則是他較少到訪的地方。箭頭顯示在這個月內，當事人在各場所之間移動的形態。如我們發表於《自然》出版集團旗下刊物《科學報告》的文章指出，[17]庫瑪和我在亞雷漢德羅．洛倫特（Alejandro Llorente）、曼尼爾．希布萊恩和伊斯特班．摩洛（Esteban Moro）

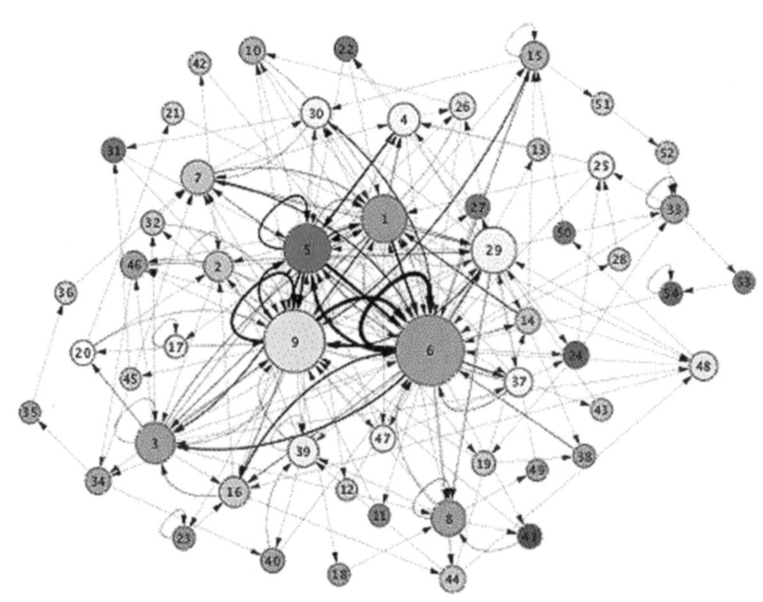

圖 16 典型的購物形態，圓圈的面積與該場所的到訪頻率成正比。箭頭顯示轉換場所的頻率，到訪頻率隨著距離拉長而平滑下跌。你最常光顧的商店、餐廳和娛樂場所，很可能也是你朋友光顧的地方，因此不大可能為你或你的社群網絡貢獻新意念。你最少光顧的地方，最可能為你社群網絡中的所有人帶來新經驗。

的協助下發現，各場所到訪次數之間，有一種非常規律、近乎定律的關係：最常到訪的場所超過所有其他場所的總和，到訪次數第二的場所超過隨後所有場所的總和，以此類推。[18] 想當然，最頻繁到訪的場所接近當事人的家，而不常到訪的場所則離家較遠。

這當中的重要結果便是：共同經驗形態遵循與社會聯繫形態相同的一般規則。人們最常光顧的商店、餐廳和娛樂場所，很可能也是他們朋友的光顧之處，因此不大可能將新意念引進他們的社群網絡中。他們最少到訪的場所，最有可能帶給其社群網絡中所有人一種新的經驗。到偏遠場所探索新意念往往有較好的效果，而日常生活中的共同經驗，則被在地社群中的參與提升至社會規範的地位。

庫瑪分析人們的購買行爲時，發現了另一個有趣的結果，那就是他們的探索形態數據，與動物的覓食行爲類似。我們當然會時常比較本地熟悉的商店，以求獲得最實惠的商品或服務，但我們也會探索新地方，在獲得新體驗之餘尋找合適的新店家。這種探索的性質，一如動物偶爾會選擇到新地方獵食或尋找新的食物來源。

這種探索活動——購物行程、休假時在城中閒逛、週末度假等——看來對城市在地生態的成長十分重要。我們發現，如果信用卡資料顯示城市的探索活動高於平均水準，則該城市在隨後年度會有較高的GDP、較多的人口，以及較多樣化的商店和餐廳。探索活動增加，當前各種規範與新意念的互動也會增加，創新行爲因此受激勵是有道理的。

此外，隨著城市發展，城市提供的機會生態會變得更複雜，情況一如生物圈的生態。有趣的是，在那些正變得愈來愈富裕的城市中，人們探索的目的地會有愈來愈多人到訪，使這些場所的熱門程度超過一般城市中的同類場所。由此看來，探索活動不僅有助提升城市的創造力和富裕程度，探索過程還會自我增強，更多探索活動衍生更多探索機會。

好奇心與探索

根據標準的經濟理論，隨著人們了解一個社區、找出最佳購物場所，以及發現最適合自身生活方式的購物形態，他們會減少探索。但事實不然，人們的探索活動是無限制的，大家似乎從未停止光顧新商品和體驗新服務。

我們的資料顯示，人類並非只是單純的經濟動物，雖然確實會爲了尋找更划算的交易而探索，但也會出於好奇而探索。這種傾向在社會最富裕的階層中至爲明顯，這些人探索新商店和餐廳的頻率，與他們改變購物場所和所購商品的頻率無關。他們改變購物形態的頻率與多數人相似，但他們的探索頻率則遠遠高於多數人。由此看來，當人擁有充沛資源時，驅動探索行爲的是他們的好奇心和社會動機，而非渴望找到實惠的價格或更好的商品。

事實上，在「朋友與家人」研究的年輕家庭社群中，當我的團隊研究財富與社群探索形態的關係時，我們發現結果與前述形態相同。[19] 我們分析源自手機和信用卡的資料（見本書附錄一〈現實探勘〉），發現較富有和較窮的兩群人，與其他人的面對面和電話互動量約略相同。值得注意的是，有錢人的探索行爲總是比窮人多。這兩群人的差別看來是這樣：當一個家庭變得較富有時，他們會在比例上減少接觸熟人（參與），並增加接觸不熟的人（探索），以求與更多樣的人互動。也就是說，他們會利用新增的財富，來增加自己的探索活動。

值得注意的是，家道中落的前富有家庭會減少探索。所以，情況並非只是有錢人的探索傳統與窮人不同，而是家庭的習慣會隨著他們的可支配所得改變。事實上，可支配所得與探索活動量的關係非常明確：可支配所得每增加一美元，互動對象和光顧商店的多樣性均會小幅增加。在第十一章，我們將看到，這個關係可用來準確畫出社區的富裕程度地圖，因爲家庭的探索形態是其可支配所得的可靠指標。

如果「弱連結優勢」（strength of weak ties）模型正確，我們會預期擁有較多社會聯繫可帶來較多財富，但探索活動短期內似乎不會帶給當事人更多財富。兩者的關係是相反的：財富增加使當事人得以投入更多資源在探索上。這可能是因爲財務狀況良好，使人能更自信、安心地去探索新的社會機會。驅動探索活動的，看來是人性中對接觸社會和新奇事物的渴求，而非對財富的追求。[20]

探索活動較活躍的城市，往往有較大的財富成長，這項事實顯示累積新經驗和認識新的人，確實是能夠得到報酬的，只是這需要一些時間。探索造福整座城市，而城市中的意念流壯大，必將惠及個人及家庭，即使這種好處只是間接的。

城市中的意念流

既然我們已經對探索和城市中的社會聯繫網絡有更多的了解，便可以提出下列這個問

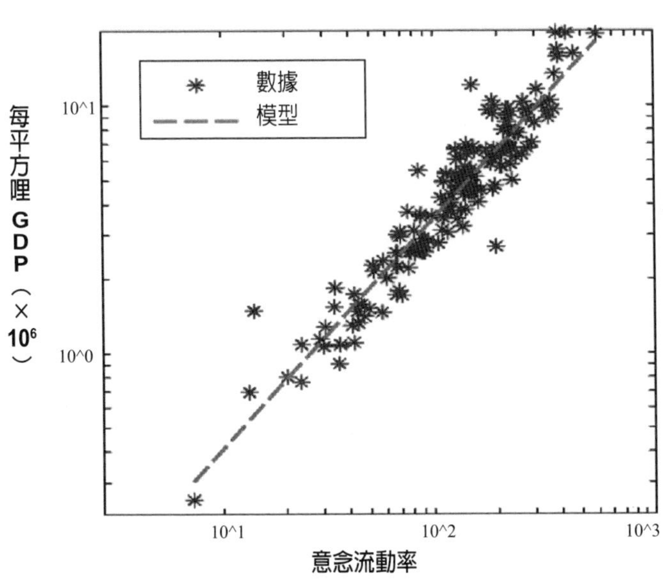

圖17沿著社會聯繫的意念流動模型，能夠準確預測每平方哩GDP。

題：一個城市的生產力，眞的能以意念傳播多遠和市民多快能接觸到新意念來預測嗎？爲了回答這個問題，我們必須計算各城市中的意念流動率，然後與GDP、專利數量和類似的產出指標比較。相關計算的細節，可參考本書附錄四〈數學〉。

在這項分析中，我們發現沿著社群網絡的意念流，可驚人準確預測類似每平方哩GDP等數據，如圖17顯示。同一模型也能以類似的準確度預測專利數量、研發投資率、犯罪率，以及城市生活的其他指標。意念流本身就能解釋城市生活的許多主要特徵，不必考慮額外的社會結構，如專業化、階級等。

意念流動率本質上取決於住在同一城市的居民有多容易互訪和互動；不過，有幾個因素可以影響意念的流動。想想中國北京的例子，這座城市人口密度很高，但因爲交通擁擠，北京實際上如同分裂爲許多個小城市，彼此間的運輸能力相當有限。結果是，北京的意念流動率，不如人口密度較低但公共交通網絡較佳的城市。

因爲意念流取決於運輸效率，我們可以反過來用ＧＤＰ計算平均通勤距離。結果顯示，美國的平均通勤距離約爲三十哩，而歐盟的大城市則約爲十八哩。[21]這兩個數字均十分接近官方統計，這個結果令人意外，因爲這些數字僅根據所有城市的一般社會聯繫結構、各城市的人口密度，以及ＧＤＰ數字計算得出。在開發中國家，平均通勤距離短得多；由此看來，這些國家若提升交通基礎設施的品質與等級，生產力和創造性產出將可大幅提升。[22]

設計更好的城市

傳統的城市發展理論強調市場和階級，暗示某些產業或新類型受過高度訓練勞工的專業發展，是城市發展的生成模型（generative model）。相對之下，社會物理學則提供了一種不需要這些特殊社會結構、看似可行和基於實證的模型。這種模型僅仰賴人類社交互動的細緻特徵，如社會聯繫的分布、沿著這些聯繫的意念流動，以及這些意念藉由同儕群體中的參與，轉化爲新行爲和新社會規範的方式。

在先前數章，我說明了塑造意念流，可以如何改善企業的生產力。這也爲設計較美好的城市，提供了一些洞見。假設，我們希望在維持公民社會的規範之餘，促進商業和藝術創新，社會物理學告訴我們，如果我們僅是增加城市的人口密度，或是提升交通網絡的品級，那我們在提升創造性產出之餘，也會導致犯罪活動增加。[23]既然如此，我們是否可以兩全其美，既擁有傳統鄉村典型的高度社群參與（因此得以維持較低的犯罪率），也擁有成熟的商業和文化地區典型的活躍探索活動（因此獲得較高的創造性產出）？

我們希望提升住宅區中的社群參與，因而維持較強的行爲規範，但不想增加所有人的探索量，因爲這會導致犯罪率隨著創新增加而上升。城市區域劃分的失敗，多數在於城市按功能分區，導致社會聯繫結構恰恰發生錯誤的變化：在地的參與減少了（如果某地區全都是公寓大樓，居民很少外出，見面互動的機會也就很少），但探索活動卻增加了（因爲居民必須去別的地方辦事），結果是社區的社會結構被破壞了。我們想要的結果恰恰相反：城鎮自給自足，居民經常會面，而且有很多朋友的朋友。如著名的都市規劃專家珍．雅各（Jane Jacobs）指出，健康的城市有完整的、連結在一起的社區。[24]

我們甚至可以算出這種城市的最佳規模：如果每個同儕群體中，所有人都是朋友的朋友，則社會物理學的數學告訴我們，最大程度參與的人口上限約爲十萬人。[25]這意味著最佳方案是中小型城鎮，當中所有人都可以走路到鎮中心、商店、學校和診所。[26]

不過，爲了盡量增加創造性產出，商業和文化區應盡可能增加探索的機會。這項目標意味著我們應盡可能將大量人口塞進一個中心城市，而這個城市必須有非常高效、便宜的交通網絡。理想的方案是每個小鎮的中心，都有一個像《星艦迷航記》（*Star Trek*）中的那種運輸站，瞬間就能將人轉運到大型跨國企業總部雲集的經濟中心，以及主要博物館與表演場地聚集的文化中心。我們的目標是在經濟和文化中心維持最大程度的探索，同時在城鎮中維持最大程度的社群參與。

事實上，瑞士蘇黎世面對暴增的人口時，正是採用類似的城市設計。其中的關鍵是一個規模驚人、快速和票價便宜的輕軌運輸系統，民眾可運用它快速、方便地進入蘇黎世市中心，因此樂於住在市中心四周生活成本較低的小鎮和鄉村。許多人，甚至是多數人，可以從家裡走到輕軌站，搭十五分鐘的輕軌，然後走到上班的地方或文化表演場所。

如今，蘇黎世逾六〇%的人口，使用這個公共交通系統。在這種情況下，市中心在辦公時間和文化活動期間，探索活動和意念流十分活躍，而周遭小鎮和鄉村中的社群參與也非常熱絡。非常重要的一點是，多數人仍在村鎮中工作，而所有人要參加市中心的文化活動也很方便，城市和鄉村生活因此不會截然分隔。結果是，蘇黎世市中心能維持興旺的工作和文化環境所需要的新意念密集流動，而周遭的村鎮也能擁有維持健康狀態所需要的有力社群參與。因此，蘇黎世得以維持其世界經濟中心的地位，並逐漸成長爲世界級的文化中心，同時一直保持瑞士的傳統和安全環境。

歷史上許多世界級的優秀城市，也曾經歷過這種發展模式。巴黎、倫敦、紐約和波士頓，都是由多個可步行的小型社區發展起來的，它們後來由地鐵或輕軌系統相連接。在某些城市，這種社區結構被破壞了，但它仍是這些城市的力量來源之一。

都市規劃者也開始用這種方式改善破敗的城市。根據社會物理學，正確的做法是致力創造一個興旺的核心市區，使其具有很高的生產力和創造性產出，就像蘇黎世那樣。這正是底特律規劃者正在嘗試的做法，他們正著手在這個破敗、無序擴張的城市中，建立一個興旺的小型新城市。

資料導向的城市

如本書每一章所指出的，社群網絡結構對資訊和意念的獲取有重大影響。[27]社會聯繫密度是決定個人之間意念流動的關鍵因素，而這種意念流則決定了新行爲的傳播。密集的社會聯繫，產生較強的意念流，進而促進生產力和創新發明。

有關意念如何傳播和轉化爲新行爲的數學，相當準確地解釋了在各種地理環境下、特徵不一的城市發展，而且這種發展是可以眞實觀察到的。我們不必訴諸有關社會階層、專業化或其他特殊社會構造的假設，便能解釋GDP、研發和犯罪活動，如何隨著城市人口成長而增加。

站在社會物理學的角度，創建城市的理由與創建工作環境（如科學園區和大學）的理由，並非截然不同：我們都希望建立能促進探索和參與的環境。雖然目前的數位技術，使遠距互動和協作變得極其便利，但我們也看到，當前的數位技術傳播新意念的功能，不如面對面的互動。

因此，使人們實際聚集，對促進意念流仍然至關緊要。[28]個人之間便於面對面互動，有助增強探索、參與和新意念轉化爲行爲的效率。因此各人在物理距離上有多接近，仍是影響生產力和創造性產出的重要因素。

不過，數位通訊有望幫助距離遙遠的群體維持聯繫。配備高畫質視訊功能的數位通訊，已經可以發揮類似面對面互動的重要作用，有天或許能成爲一如面對面互動那麼有效的溝通管道——見本章最後單元「數位網絡 vs. 面對面互動」。遺憾的是，目前十分方便的數位通訊，已經很容易產生「回音室」，使謠言和同樣的意念在當中一再流傳。但如果我們可以開始追蹤意念的出處，我們也能開始突破回音室。如同我將在下一章指出的，這對保護我們的隱私也十分重要。

下一步

本書的第八、九兩章，已說明我們可以如何結合大數據和社會物理學，創造資料導向的城市。我們似乎可以運用社會物理學的概念，提升這種城市的生產力和創造力，同時盡可能減少壞事，如犯罪率、浪費能源、疾病傳播等。社會物理學建議的城市結構，與著名都市規劃專家珍·雅各所倡導的相似，只是社會物理學為其建議提供了量化的數學基礎。視城市為一種意念機器，我們就可以運用社會物理學的公式，調整城市結構以提升效能。

那麼，我們可以如何替整個社會達成這些目標？接下來在本書最後一部，我將探討我們可以如何著手利用新的數位神經系統造福整個社會，並討論如何處理私有財與公共財之間的張力，以及設計一個安全、公平、穩當的社會可以遵循的原則。

數位網絡 vs. 面對面互動

相對於面對面的互動，數位媒介（如社群網絡或電話通訊）的作用，一直是熱門議題。數位媒介如此受到關注，是因為其低廉的成本和可擴展性（scalability），令人期望能藉此以很低的成本來管理企業、影響顧客和接觸公民。不過，實際的情況當然並不簡單。信任和社會性學習，是我們要考慮的關鍵。

數位媒介無法像面對面互動那樣傳遞大量社交訊號，人們因此較難了解彼此的眞正意圖，這使得數位媒介難以產生改變行爲所需要的信任關係。在一些「信任實驗」中，我們將參與者在群體中合作互信的潛在獲利，與他們背叛群體個人獲利的可能性對立起來，結果發現透過數位媒介互動的人幾乎總是會背叛群體。[29]

此外，當我們注意通訊管道與心情的關係時，發現人們心情特別壞或特別好時，會避免使用電子郵件、即時通訊和社群媒體，轉爲較仰賴面對面互動和互通電話。[30]也就是說，當我們需要安慰或特別開心時，我們希望透過能夠傳遞豐富訊息的管道互動。

此外，數位社群媒體中的互動，多數是分散、非同步和稀疏的。如第四章有關數位參與一節所述，這意味著我們難以藉由數位社群媒體，頻繁地一再接觸到我們信任的同儕行爲。結果是，多數數位社群媒體傳播事實（和謠言）的能力，強於普及新習慣。令情況變得複雜的是，社會規範一旦建立（很可能是藉由面對面互動習得），數位方式的提醒可以相當有效。例如，驅動多數數位互動的是現實世界中的互動，但信任關係一旦建立，即使雙方分隔兩地，數位媒介仍可增強彼此的互信。

第 4 部

資料導向的社會

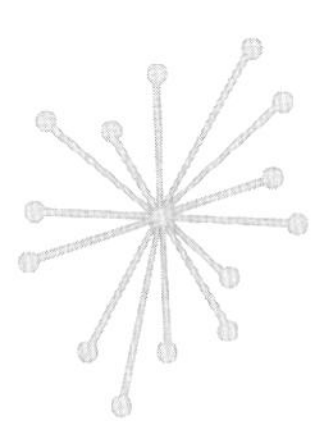

10 資料導向的社會

資料導向的未來是什麼模樣？

如前所述，我們留下的「數位麵包屑」，內含有關我們是怎樣的人和想要什麼的線索。因此，無論是做爲公共財或私人企業的財產，這些個人資料都具有極大的價值。歐盟消費者保護事務委員梅格萊娜．庫內娃（Meglena Kuneva）不久前指出：「個人資料是網際網路的新燃料和數位世界的新貨幣。」[1]然而，這種觀察人際互動細節的新能力，既可以用來做好事，也可以用來做壞事，所以持續保護個人隱私和自由，對社會未來的成功至關緊要。

成功的資料導向社會，必須能夠保證我們的資料不會遭到濫用，特別重要的一點可能是，保證政府不會濫用因爲可取得這些鉅細靡遺的資料而掌握的力量。要發揮資料導向社會的潛在好處，我們需要我所稱的「資料新政」（New Deal on Data），以可行的方式保證公共財所需要的資料容易取得，同時保護公民。[2]我們必須發展出精密得多的有力隱私工具，並且達成重要共識，使我們可以使用個人資料建立更美好的社會，同時保護一般民衆的權利。

激勵我們建立「資料新政」的一項關鍵見解，是我們的資料分享出去遠比不分享有價值，因爲它們有助當局了解可以如何改善公共衛生、交通和政府等系統。例如本書第八章便指出，有關我們的行蹤和行爲方式的資料，可以用來盡量減少傳染病的傳播。在這個例子中，我說明了我們可以如何利用這些數位麵包屑，在個人層面追蹤流感的傳播。因爲看得見，我們可以阻止事情發生；在這個例子中，分享個人資料的結果，是我們可以將傳染病大爆發的威脅大大縮小。

對擔心全球暖化的人來說，這些共享的總合資料，如今可以告訴我們移動形態與生產力的相關性（見第八、九章），我們因此有能力設計生產力和能源效率均較高的城市。爲了達成這些目標並促進環保，我們必須能夠追蹤人們的移動形態，而這需要很多人願意貢獻自己的資料，即使他們貢獻的只是匿名的總合資料。

令人遺憾的是，目前多數的個人資料爲私人公司所掌握，各類型的資料也不互通，因此基本上是無法取得。民間組織蒐集的個人資料，絕大多數是位置形態、金融交易，以及電話和網路通訊等。這些資料不能繼續只是由私人公司掌握，因爲這樣它們不大可能造福整個社會；因此，在「資料新政」的隱私和資料控管框架中，這些民間組織必須扮演關鍵的角色。同樣地，這些資料也不應只是掌握在政府手裡，因爲這不利於保持公開、透明的公共利益原則，而且我們似乎不應該賦予政府這種權力。

諸如更好的衛生體系和能源效率更高的交通系統，這類具體例子對「資料新政」有推動的作用，但高效和安全的資料分享，其實能夠達成更大的公益。一如第五章和第九章所指出的，較高的意念流動率可造就較高的生產力和創造性產出。長遠而言，我們能提高生活水準和過較有意義的生活，正是靠我們社會的創造性產出；因此，「資料新政」的關鍵目標之一，應是促進意念流。

促進意念流的方法之一，是建立開放的公有資料（public data commons），例如可免費取得的就業和犯罪率地圖與統計數據等相關資料。健全的資料分享和匿名技術，可以在尊重公民隱私和企業競爭利益並監督政府的情況下，建立公有資料。[3]在第十一章的最後部分，我將闡述據信是世界上第一個大型數位公有資料庫，說明我們可以如何利用這種資源建設較美好的社會。

然而，並非所有的個人資料，都可以存在公有資料庫中，我們仍然希望大量的個人資料，能夠保持不公開的狀態。爲了使我們能夠分享個人資料和經驗，我們需要可靠的技術和法規，使個人得以與其他個人、企業和政府安全、方便地分享個人資料。因此，「資料新政」的主旨必須是提供監管標準和財務誘因，鼓勵資料擁有人分享資料，同時兼顧個人與社會整體的利益。我們必須促進個人之間的意念流，而非只是著眼於企業或政府部門之間。

資料新政

我們早就認識到，若想促進土地和商品市場的流動性，首先應保障所有權，使人們能夠安全地買賣財產。[4]同樣道理，若想促進意念流、提高「意念流動性」，首先必須界定所有權。[5]政治上唯一可行的做法，是授予個別公民自身資料的所有權；事實上，在歐盟，這些權利直接源自憲法。我們必須承認，個人資料是當事人寶貴的資產，提供給企業和政府是爲了獲得服務。[6]

要說明個人擁有自身資料的意思，最簡單的做法是引用英國普通法系（common law）中，所有權包含占有權、使用權和處分權的概念：

- **你有占有自身資料的權利**。無論你的個人資料是誰蒐集的，都是歸你所有，你有權隨時取得這些資料。因此，資料蒐集者的角色有如一家銀行，替其顧客保管資料。
- **你有權完全控制自身資料的使用**。資料使用的方式，必須以淺白的語言解釋，而且經過你的同意。如果你不滿意某公司使用你的資料的方式，可以拒絕該公司繼續使用你的資料，一如你若對某家銀行的服務不滿意，便可以選擇結束帳戶。
- **你有權清除或散布你的資料**。你可以選擇銷毀你的資料，或是將它們移往別處。

當事人有關個人資料的權利，必須顧及企業和政府使用某些資料，如帳戶活動或帳單資料等，以維持日常運作的需要。因此，「資料新政」賦予個人占有、控制和處置這些必要營運資料與附帶蒐集的資料，例如位置和類似的背景資料等副本的權利。請注意，這些所有權與現代法律下的所有權並不完全相同，因此相關糾紛可用較簡單的不同方式解決——相對於其他糾紛而言，例如土地所有權糾紛。

二〇〇七年，我向世界經濟論壇首度提出「資料新政」。此後，這個概念經過各種討論，最終引導了美國二〇一二年《消費者隱私權利法案》（Consumer Privacy Bill of Rights）和歐盟個人資料保護宣言的研擬。這些新法規旨在達成兩大目標：解放目前被隔絕於私人資料庫中的個人資料，使這些資料得以用來創造公共財；賦予個人對自身資料的更大控制權。這項工作當然尚未完成，個人爭取個人資料控制權的戰役仍在延續。

執行

我們可以如何執行「資料新政」？光靠追究法律責任的威脅是不夠的，因爲如果我們無法看到濫用資料的行爲，也就無法追究法律責任。而且，像在美國這樣的國家，誰想看到更多訴訟呢？

當前的典範做法，是一種名爲「信任網絡」（trust networks）的資料分享系統。「信任網絡」結合一個電腦網絡和一份法律契約，前者記錄每一項個人資料的使用者權限，後者載明資料可做何用途與不能如何使用，以及針對違規行爲的處理方式。在這種體系中，所有個人資料均附有標籤，注明資料可以怎麼用和不能怎麼用，這些標籤與所有參與者之間的法律契約相匹配，該契約載明違反使用權限的懲罰方式，並授予稽核資料使用情況的權利。這種包含資料出處的授權，使資料使用的自動稽核得以進行，也使個人得以改變授權，甚至是撤回資料。

這種設計使銀行間的資金轉帳系統極其安全，但是直到最近，這種技術僅服務大機構。爲了使個人能用同樣安全的方法管理個人資料，我在麻省理工學院的研究團隊，與我和約翰．克利平格（John Clippinger）共同創立的資料導向設計中心（Institute for Data Driven Design）合作，[7]協助建立了此類系統的消費者版本——開放式個人資料儲存（open Personal Data Store, openPDS）。我們目前正與各類型的產業界和政府夥伴測試該系統，[8]不久之後，分享個人資料將可一如銀行之間轉帳那麼安全、可靠。有關這套系統的詳情，可參考本書附錄二〈開放式個人資料儲存〉。

狂野的網路

本書著重感測器產生的新個人資料，是因爲許多人不熟悉這些資料的範圍和性質。當然，目前網路上已經有大量的個人資料，它們多數是使用者向各社群網站、部落格和論壇貢獻的資料，也包含網路商店和組織蒐集到的交易和登記資料，以及上網者的瀏覽和點擊紀錄。企業正開始以使用者貢獻的圖像和視訊內容來做現實探勘，雖然這些資料是使用者自覺提供的，但它們在無意中損害當事人的危險，與感測器被動蒐集的資料，如通話紀錄和電話位置資料十分相似。

網路是在無管制的環境下發展出來的，針對個人資料並無一致的隱私標準。因此，當事人的個人資料權利並不清晰，各網站的情況各有不同。相對之下，手機、醫療和財務資料，是由受到嚴格管制的產業蒐集，有相對明確的所有權規則。這些資料的既有框架若結合「資料新政」，這些個人資料便能在審慎控制下分享出去，做比較廣泛的用途。

那麼，「狂野網路」（Wild, Wild Web）的情況又如何呢？好在既有網路公司正受到要求遵循較高標準（一如那些受管制的產業）的壓力，而 Google 可能是其中最好的例子。該公司參與世界經濟論壇的「重思個人資料」倡議（這項計劃由我協助領導），經過該論壇的初步討論後，推出了「谷歌資訊主頁」（Google Dashboard, www.google.com/dashboard），使用戶得以了解 Google 掌握哪些有關他們的資料。

經過第二輪討論後，該公司建立了由一群 Google 工程師組成的「資料解放陣線」（Data Liberation Front, www.dataliberation.org），宗旨是使「用戶有能力控制他們儲存在任何 Google 產品中的資料」，目標是「使資料更容易匯入和匯出」。當我的前學生布萊德利．霍洛維茲（Bradley

Horowitz）在二〇一一年六月協助推出Google+時，資料所有權及其可攜性（portability）是關鍵的設計元素。雖然這些邁向個人控制個人資料的措施才剛起步，但要求所有公司全面奉行「資料新政」的壓力正在積累。

資料導向的系統：各種挑戰

安全分享資料的能力，必將產生較爲資料導向的管治和政策。我們可以期望藉由運用大數據和社會物理學分析，大大地改善社會結果。同樣重要的可能是，社會物理學使我們得以利用大數據和視覺化技術，近乎即時了解政策的效果，而這種較高的透明度，有助公衆適時以適當方式調整和修正政策。

舉例來說，在我的實驗室中，我們正在建立一項基於Google地圖的網路工具。這項工具並非只是顯示道路和衛星影像，還會顯示貧窮率、嬰兒死亡率、犯罪率、GDP變化和其他社會指標，每天逐個社區更新。運用這種新的繪圖能力，我們可以快速看到政府的新措施在何處奏效、何處無效。[9]

不過，利用這種巨量資料建立較佳社會體系的最大障礙，並不在於規模或速度，甚至不在於隱私和分享資料的問責問題；最大的挑戰在於學習如何根據對數十億次個人互動的分析，建立合適的社會體制。我們需要社會物理學，這樣才能從基於一般情況和刻板印象的系統，轉向基於個人互動分析的系統。

超越封閉的實驗室

我們檢驗和改善政府與組織的傳統方法，對建設資料導向的社會作用有限。連我們通常使用的科學方法也不再可行，因爲潛在的關聯太多，標準統計工具無法產生有用的結果。原因在於當資料如此豐富時，我們很容易被僞相關所誤導。舉個例子，假設我們發現異常活躍的人較可能感染流感，這是一個眞實的例子：我們檢視某個小型大學社區逐分鐘的行爲資料——這些資料每天產生以GB計的即時資料，持續一整年——發現一個人若異常活躍地到處跑，往往代表他將會感染流感。但是，如果我們只能利用傳統的統計方法分析資料，將難以了解這個現象背後的原因是因爲流感病毒爲了加速自身的傳播，使我們變得較爲活躍嗎？還是接觸異常多的人，使人較可能感染流感？抑或有其他原因？我們無法僅靠即時資料流知道答案。

我想說的是，正常分析方法不足以回答此類問題，因爲我們不知道全部的可能情況，因此無法擬出可檢驗、數目有限的明確假說。我們必須想出在現實世界中檢驗因果關係的新方法，不能再仰賴實驗室實驗，必須在現實世界中做實驗，而且通常必須仰賴巨量的即時資料流。

利用即時資料設計制度和政策，並非我們管理事物的正常方式。在目前這個時代，已經有多個世紀的科學和工程基礎，改善體系、政府和組織的標準選擇是相當明確的。因此，我們的科學實驗通常僅需要考慮幾個清楚的選擇，也就是一些看似合理的假說。

但是，隨著大數據時代的來臨，我們在處理很多事情時，將不再遵循大家熟悉的舊方法。巨量資料往往是間接和「嘈雜」的，解讀這些資料必須特別小心。更重要的是，這些資料有很多是與人類行為有關，而我們的問題往往是嘗試釐清身體狀況與社會結果的關係。在我們建立可靠、經過充分驗證和量化的社會物理學理論之前，我們將無法像現在可靠地設計橋梁和測試新藥那樣，以簡單、明確的方式擬出和檢驗假說。

因此，我們必須超越目前使用、基於實驗室的封閉式問答過程，開始以新方式管理我們的社會。我們必須開始使用我的研究團隊為「朋友與家人」或「社群演化」研究設計的方法，檢視現實世界中的各種關聯，而且必須做得遠比以前早和頻密。為了檢驗和證明理論，我們必須建立實地實驗室，也就是願意嘗試新運作方式的社群——講得直白一點，就是願意成為白老鼠的社群。這是一個新領域，所以我們必須時常在現實世界中試驗新概念，以了解哪些做法可行、哪些不可行。

這種實地實驗室的一個例子，是我在義大利城市特倫托（Trento）協助發起的「開放資料城市」（open data city），合作方包括義大利電信（Telecom Italia）、西班牙電信（Telefónica）、研究單位布魯諾·凱斯勒基金會（Fondazione Bruno Kessler）、資料導向設計中心，以及當地的一些公司。重要的是，這個實地實驗室獲得所有參與者的認可和知情同意，他們知道自己參與了一個巨大的實驗，目標是創造更美好的生活方式。有關這個實地實驗室的詳情，可參考www.mobileterritoriallab.eu。

我們希望發展出分享資料的新方式，藉此促進公民參與和探索。具體目標之一，是發展和檢驗信任網絡軟體，例如我們的開放式個人資料儲存系統。[10] 開放式個人資料儲存這種工具，使人們可以藉由控制資料的去處和用途，安全地分享個人資料，如健康資料或有關兒女的資料等。

我們研究的具體問題，取決於一套個人資料服務，這些服務使用戶得以蒐集、儲存、管理、揭露、分享和使用有關他們的資料。這些資料可用來幫助各成員自我賦權，或是綜合起來，成爲一種使社群網絡誘因得以發揮作用的公共資源，以幫助改善整個社群。安全分享資料的能力，應能促進個人、企業和政府之間的意念流，我們希望了解這些工具能否在整個城市的層面提高生產力和創造性產出。

開放式個人資料儲存信任框架促成的應用例子之一，是家有幼兒的家庭分享彼此的最佳做法——其他家庭是如何用錢的？他們多常出門參與社交？他們光顧最久的是哪些幼稚園和醫生？當事人一旦同意參與，我們的開放式個人資料儲存系統就會蒐集此類個人資料，在匿名處理後安全、自動地與其他家有幼兒的家庭分享。

開放式個人資料儲存系統，使這些家庭不必手動輸入資料，也不必承擔透過當前的社群媒體分享資料的風險，就能從彼此的身上學習。義大利特倫托實驗雖然還處於初步階段，但參與的家庭認爲這種資料分享能力是寶貴的，而他們覺得使用開放式個人資料儲存系統來分享資料是安全的。

拜特倫托實地實驗室所賜，我們得以研究如何處理在現實處境中，蒐集和使用非常個人的資料所涉及的種種敏感問題。這個實驗室將成爲「資料新政」的一個試驗計劃，我們也將藉此研究有何新方法，能使當事人得以控制其個人資料的使用方式。舉例來說，我們將探索以各種技術和方法保護當事人的隱私，同時利用他們的個人資料產生有用的公有資料。我們也將探索在信任框架的背景下，以各種隱私設定的使用者介面控制蒐集哪些資料、向各種應用程式提供哪些資料，以及與其他使用者分享哪些資料。

對人類理解能力的挑戰

建設資料導向社會的第二項挑戰，在於人類有限的理解能力。拜密集、連續的資料和現代運算技術所賜，我們現在已能掌握社會運轉的各種具體資料，並建立相關的數學模型。但這些原始的數學模型，遠遠超出多數人的理解能力。它們有太多變量，涉及太複雜的關係，非能力有限的人腦所能處理。這些非常精細的數學模型，雖然很適合用來設計交通、電力等方面的自動系統，但對指導個人決策則幾乎是無用的。

爲了協助政府和公民在社會事務方面做出良好的決策，我們必須建立一套以人爲尺度、可直觀理解的社會物理學。我認爲，人的直覺與巨量資料數據之間必須有交流，而這是今日的多數管理系統所欠缺的。目前，多數人對如何使用大數據分析技術、其意義和該相信什麼，並沒有什麼概念。一種超越市場和階級的新語言，一種能描述人際間的具體關係如何決定事物變化的新語言，將能幫助我們建立這樣一套社會物理學——我希望本書的語言和概念，可以幫助我們達成這個目標。

社會物理學與自由意志和人類尊嚴

有些人不喜歡「社會物理學」一詞，因爲他們覺得此詞暗示人是沒有自由意志的機器，無法擺脫自身的社會角色而行動。不過，我設想的社會物理學承認人有獨立思考的能力，但不必嘗試解釋它。社會物理學是基於涵蓋全部人口的統計規律，也就是幾乎所有時候均適用於幾乎所有人的規律。

我們的個人自覺信念體系，是由基於事實和假設的推論形成的，這使我們得以推論出一整套結論。我們只需要改變一項核心事實、假設或規則，整個信念體系便可以戲劇性地翻轉。這種脆弱的生成能力（generativity）並非只是理論上可能，許多人參加新兵訓練營或被吸收進狂熱教派時，也會發生這種巨大改變。在那種情況下，個人的整個信念體系，能在短短數天或數週內改變。基於所有人共有規律的社會物理學，無法解釋個人信念體系的這種易變性。

社會物理學的力量源自下列這項事實：我們的日常行爲幾乎全都是習慣性的，主要是基於觀察他人行爲所學到的一切。因爲我們的多數行爲，是出於習慣和基於看得見的實際經歷，也就是聽到的故事、看到的行動等，它們可說是重複的形態。這意味著我們可以像觀察猩猩或蜜蜂那樣觀察人類，並推論出行爲、反應和學習規則。

不過，我們知道人類不同於猩猩或蜜蜂，總是有一個看不見的內在思考過程，而這種思考能力有時會發揮作用，擊敗我們最好的社會物理學模型。因此，雖然我們可以應用社會物理學，根據人類典型的日常行爲模式，來設計生活空間、交通系統和政府，我們總是必須爲異常的個人抉擇留下空間。令人意外的是，資料顯示，偏離正常社會形態的情況僅占數個百分點。因此，我們必須非常小心照顧這些個人創新的「綠芽」，不屈服於僅支持最常見的形態以節省成本之意見——相關詳情，請參考本書附錄三〈快思慢想與自由意志〉。

因爲現代文化非常強調獨立和個人意願，我們往往很難認識到，我們的生活多數十分規律是一件好事，而且我們其實很相似，並非行爲模式截然不同的個體。我們的多數態度和想法，是綜合他人經歷的結果，這正是文化和社會的基礎，也正是我們可以合作，爲共同目標努力的原因。

還有一個理由，支持我們重視社會物理學的概念甚於市場和階級。因爲市場和階級講的是一般情況或刻板印象，使用這些詞彙來討論事情，必然導致我們將一個市場或階級中的所有人看作是一樣的。結果是討論非人化的程度，亞當．斯密的市場一如卡爾．馬克思（Karl Marx）的階級。

這一切皆有實際後果，其意義並非僅止於用詞選擇偏好。因爲所有人均理解市場和階級競爭的道理，而且一時之間沒有科學和可行的其他選擇，我們太常把社會說成是一種持續的競爭，並主要根據階級或市場屬性將人分類。我們把人想作是時髦的千禧世代、富裕的嬰兒潮世代或共和黨籍白人，這種思考方式自然導致各種刻板印象，而且會過度強調容易測量的特徵，如財富或名氣等。這造就「贏家通吃」的流行文化、激進的資本主義，以及過度仰賴競爭和市場誘因來管理社會的政府。

建立一門涵蓋個人差異和個人之間的關係、量化且有預測能力的社會科學，或許能戲劇性地改變政府官員、企業管理階層與公民的思考和行爲方式。他們可以利用社群網絡誘因建立新的行爲規範，而非仰賴監理罰則和市場競爭。想像一下這種政府決策方式：結合「紅氣球挑戰賽」技術（第七章）和群衆智慧（第二章），招募數千萬人爲社會問題出謀獻策，並在數百萬場市民大會上爭取支持；這是有可能做到的，而且可能系統性地優於今天的決策機制。爲了實現這種轉變，我們需要一套人人能懂、已證實比市場和階級的舊語言更有用的新語言和道理。我認爲，社會物理學的語言——探索、參與、社會性學習，以及意念流測量等——有發揮這種作用的潛力。

11 為和諧而設計

社會物理學如何幫助設計以人為中心的社會

現今世界各地多數社會是以自由市場為基礎，雖然幾乎總是會有一些調整和限制。這種社會模式源自十八世紀的自然法（natural law）理念：人類是自利（self-interested）和自我指揮的，會在所有社會交易中，持續嘗試藉由交換商品、協助和恩惠獲得好處。在這種理論下，公開競爭是個人一種自然的生活方式，如果我們能將所有代價（例如污染和廢棄物）納入考慮，這種公開競爭將能產生一個有效率的社會。如亞當．斯密解釋道：

> 在無形之手的引導下，他們對生活必需品的分配，幾乎就是土地平均分配給全體居民這種情況下的分配；因此，在無意中不自覺地促進社會的利益，提供人口成長所需要的資源。[1]

市場高效分配資源的能力，以及人類是無情競爭者的假設，是多數現代社會的基石。這套想法在股票和大宗商品市場運作良好，在薪酬和房屋方面也運作得不錯，而當前日益明顯的趨勢，是人們將市場思維應用在所有社會領域。但是，這種十八世紀的人性論，眞的能構成現代社會所有領域的良好運作模式嗎？我認爲不能。

競爭與合作

如本書先前各章指出，這種人性論的一大缺點，在於我們並非單純自私和自我指揮的個人。我們的利益考量和指揮機制本身，極大程度上取決於社會規範，而社會規範是我們與其他人互動創造出來的。

現代科學如今認識到，在人類社會，合作與競爭一樣重要、一樣普遍。[2] 同儕間的協調合作，是非常強大的決定性力量——朋友間會互相關照；在運動或商界的團隊中，隊友會緊密合作以求打敗其他團隊；無論在哪裡，人們都會照顧家人、兒童和老人。事實上，共同的文化和文化規範這個概念，是完全基於個人行爲的協調。我們仔細一點來看合作在現代社會中的作用，以及合作的事實與人類是無情競爭者這種觀念的對照。

如本書之前各章指出，人們彼此合作以建立社會規範，我們將這些規範稱爲文化。事實上，社會中的競爭，主要可能不是在個人之間，而是在成員彼此合作的各個同儕團體之間。

此外，每個機會或威脅所涉及的同儕團體，是由一組不同的人所組成的。舉例來說，倫敦的銀行業者為了賺錢，會協調彼此的行為，採用某些共同的策略和產業標準。紐約的律師同樣會有一些共同的規範，藉此維護律師界在當地社會體系中的利益。政客也會創造出一些共同的慣例和方法，幫助他們拿公民的利益交換金錢利益，同時籠絡新聞工作者。在前述每一個例子中，界定團體與社會各界競爭互動的是合作，也就是對如何與同儕協調行為的明確或不言明的協議。

階級與同儕團體

有共同規範的同儕團體，與傳統意義下的階級不同，因為其成員並非僅以傳統特徵界定，例如收入、年齡或性別（傳統的人口統計資料）；技能與教育〔馬克斯・韋伯（Max Weber）的說法〕；[3]或是他們與生產工具的關係（馬克思的說法）。[4]這種團體的成員，在特定處境下是同儕關係，一個人有時是因為某種共同興趣而屬於某個同儕團隊（例如因為喜歡唱歌而加入合唱團），有時是因為共同的經歷（例如高中畢業時同班），也可能是因為共同的職業（例如大家都是消防員）。因此，一個人雖然僅屬於某個階級，但他可能是很多個不同同儕團體的成員。在每一個同儕團體中，各成員互相學習，創造出一套因興趣、經歷或職業而異的共同常識。

這些同儕團體，也並非只是出於經濟原因而合作的群體，因爲這些團體會就廣泛的議題發展出有力的規範，包括人生目標、道德價值，甚至是服裝標準等。這些團體的成員會發展出一整套文化和生活方式，並滲透到他們所屬的其他同儕團體。銀行界人士下班後可能是家裡的父母或教會的領袖，銀行界的文化可能因此影響他們接觸的團體，而他們也會受其他團體的文化影響。通常沒有人是僅以職業來界定自己的；接近如此單向度狀態的人，可能有些精神異常，會被視爲古怪的人。

由此看來，政治或經濟標籤，例如資產階級、勞動階層、民主黨人或共和黨人等，傳遞的往往是不準確的刻板印象；在這些群體中，成員的個人特質與渴望其實各式各樣，差異很大。因此，以階級或黨派推論社會是不準確的，可能導致錯誤的過度概括。在現實世界中，一群人必須有有力的互動，而且互相承認彼此是同儕，才有可能發展出深刻相似的規範。

市場與交換

一如階級是不固定和相互重疊的同儕團體體系過度簡化的刻板印象，市場是一個有問題的理想化概念：我們想像每一位市場參與者，都能夠看到所有其他參與者，並且與他們平等競爭。但事實上，有些人的關係比其他人好，有些人的見識比其他人廣，而有些交易因爲距離、時機或其他次要因素，比其他交易要來得困難。現今的股市，便是一個基本例子。在股

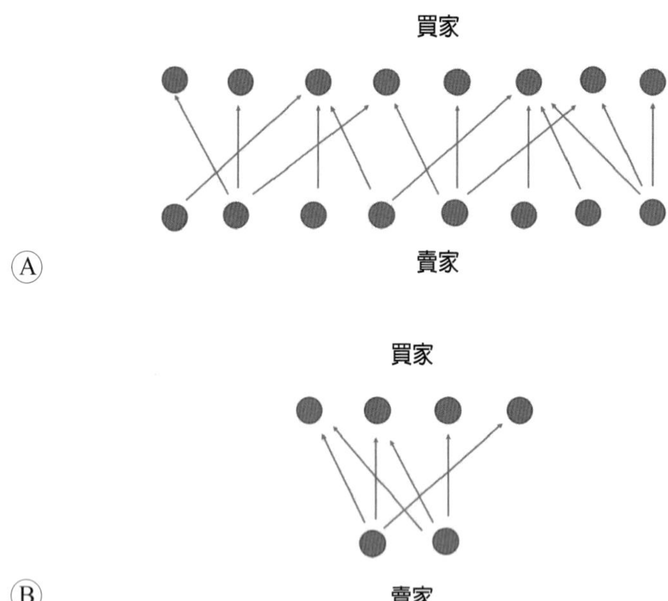

圖 18 Ⓐ傳統意義的市場；Ⓑ交換網絡。交換網絡是一種市場，當中的交易選擇僅限於社群網絡中相識的人。交換網絡較可能發展出互信關係和個人化服務。

票市場，一般人掌握的資訊遠比專業交易員少，但即使是成熟的專業交易員，相對於能對毫秒間的價格變化做出反應的高頻交易程式，也可能處於下風。我們的自由市場理想落在現實中，忽然間變得十分複雜。

圖 18 說明了表面看來是傳統意義的市場，實際上卻是其他東西的一個更重要的例子。圖 18 Ⓐ描述的是市場的傳統概念：大量買家向大量賣家購買商品，價格因此穩定在「有效率」的水準，而且在整個經濟體中保持一致。這種對稱的市場是健全的，如果某個賣家出現問題，例如他們缺貨了或送貨的卡車發生

故障，其他賣家會填補因此出現的供應缺口。

然而，現實中的市場比較像圖 18Ⓑ 中的交換網絡：買家與賣家的關係相對受限，而且是不對稱的。我的研究同儕達倫·阿西莫格魯（Daron Acemoglu）、瓦斯科·卡瓦荷（Vasco Carvalho）、雅淑·奧茲達格（Asu Ozdalgar）和亞力瑞薩·塔巴茲－薩雷西（Alireza Thabaz-Salehi），分析美國官方有關哪些公司向哪些供應商採購的資料，發現美國經濟中的產業間關係，多數像圖 18Ⓑ 示意的受限不對稱關係。[5]

這種受限交易網絡的優點之一，是買家較可能與賣家建立穩定的互信關係。關係的穩定和互信程度愈高，施加社會壓力的能力就愈強，結果是賣家可以爲買家提供個人化服務。或許是因爲人們較喜歡互信的個人化關係，美國經濟中的買賣方情況像18Ⓑ 而非 18Ⓐ。[6]

不過，這種網絡的受限和不對稱特質，也可能造成一種危險：如果某個大買家或大賣家出現問題，問題便可能層層擴大，損害所有相關買家和賣家。近年的一個著名例子，是福特汽車的總裁前往美國國會，主張政府拯救福特最凶猛的競爭對手通用汽車。爲什麼？因爲福特和通用仰賴的供應商大量重疊，如果通用破產，其供應商也將破產，屆時福特將無法生產自己的汽車。如果我們僅仰賴傳統的市場思維，我們肯定預料不到競爭對手之間可能出現這樣的合作。

這些例子和經濟資料告訴我們，傳統市場思維中有項基本假設——市場上有許多買家和賣家，他們可輕易互相替代，在美國經濟的多數領域並不適用。我們應視經濟爲具體交易關係的一個複雜網絡。

自然法：交換而非市場

現代社會建基於市場可以有效率地分配資源這個概念，以及人類是無情的競爭者這項假設。但如我們看到的，社會的運作方式往往並非如此。不過，人類社會是否曾有十分符合前述概念和假設的時候？也就是說，人類歷史上是否曾有人人皆無情地公開競逐資源的年代？雖然許多人類神話和浪漫小說，暗示早期的人類社會是這樣，科學研究則提出不同的說法。

人類學家指出，他們在最偏遠、最與世隔絕的社會中，發現非常平等的社會傳統，食物分配意外地平等，而權力往往是分散和基於專門的知識和技術。[7]不過，在這些社會中，人身移動能力受限，人們因此很少接觸外界的人。而即使他們眞的接觸外界，由於沒有書寫能力和精密的語言，計算能力也不足，傳播意念和資訊的能力相當有限，甚至也無力促成食物和其他商品的交易（也就是在供應和需求之間套利）。

不過，對我們來說，重要的是，這意味著人類的頭腦和文化，是在這樣的年代演化出來的：商品和意念藉由個人之間的互動傳播，新意念或有價值的商品，需要很多時間才能在整個社會中普及。換句話說，許多早期人類社會的運作，比較像是交換網絡遠多於市場，社會中並無市場機制或定價機構去確定商品或意念的價值。移動能力有限，意味著供應和需求也受限；每次交換最多僅限於幾個人之間，而聲譽主要是藉由一對一互動掙得，不是藉由某些中央機關共享。

在安克．曼尼與我合作的博士研究中，我們運用賽局理論，以數學方式檢視早期人類社會典型交換網絡的特質。[8]我們希望了解，這些早期社會與市場導向的社會是否有相同的特質。曼尼在其數學分析中發現，在一個基於交換網絡的社會中，亞當．斯密的「無形之手」在網絡中局部發揮作用，而且不需要外部的聲譽機制或仲裁。[9]此外，交易者社會在某些重要方面優於競爭者社會，交換網絡能像市場那樣公平地分配商品，而且能爲個別成員提供較佳的支援，面對外來衝擊時也可以有較強的抵禦能力。

交換網絡優於市場，核心原因在於信任。交換網絡中的關係很快變得穩定（我們會一再去找給我們最佳交易條件的人）；關係穩定，信任隨之而生（我們預期有價值的關係能延續下去）。在典型的市場中，情況則並非如此：隨著價格波動，顧客每天可能光顧不同的商家。在交換網絡中，買家和賣家較容易建立互信關係；這種信任使社會面臨巨大壓力時，能夠有較強的韌性。在市場中，人們往往必須仰賴準確的聲譽機制去評價所有參與者，或仰賴外部的仲裁去執行規則。

數學分析顯示，因爲穩定性和信任程度較高，交換網絡的動態本質上會使這種網絡變得公平，其中關係產生的剩餘價值會由相關人士平分。[10]而因爲公平、穩定和互信程度較高，交換網絡的合作和強健程度較高，承受外來衝擊的能力也較強。[11]如果我們希望建立永續的社會，似乎應該以此爲標準。[12]

亞當・斯密認爲，「無形之手」源自受社群中同儕壓力約束的市場機制。數百年來，我們傾向強調市場機制，忘了他提到的同儕壓力一樣重要。我們的研究結果強烈暗示，「無形之手」主要源自人際交換網絡中的互信、合作和強健特質，而非市場運作的神奇力量。如果我們希望建立公平、穩定的社會，必須寄望於人際間的交換網絡，而非市場競爭。

這些數學分析對早期人類社會的評價很好，這可能正是人類學家研究的一些早期社會非常穩定和平等的原因所在。不過，穩定和平等的社會未必是和平的，其中有些社會非常暴力，部落間的戰爭是決定預期壽命和基因混合的關鍵因素。我認爲，這種暴力主要是意念流量很低所致：社群中的高度參與加上社群外的探索不足，往往導致僵化和孤立的社會。如我在第四章「壓制與衝突」一節所述，孤立的社會（包括亞當・斯密的社會），往往會對與其共用資源、實力較弱的社會造成可怕的破壞。[13]

但是，這種交換網絡的概念，要如何應用在現代社會呢？現在，我們有大眾媒體負責傳播資訊，因爲移動能力大大提升，我們可以互動的人也比以前多得多。資訊普及、社交網絡擴大，是否意味著我們已從交換社會過渡至市場社會？

我認爲不是。即使我們現在的人際互動遠比以前廣闊、互動量也遠比以前多，我們的習慣仍主要取決於與我們信任的少數人（那些我們互動最頻繁者）的互動。對每個人來說，這種可信的人仍然是相當少的。事實上，證據顯示，我們現在擁有的可信同儕的數目，與數萬年前大致相同。[14]

這種相對穩定的小型可信同儕網絡，仍然主導我們的飲食、消費、娛樂和政治行爲習慣，甚至是我們的科技採用習慣（如第三章所述）。面對面的社會聯繫也主導企業的產出，甚至是大型城市的生產力和創造性產出（見第五章和第九章中我們團隊的研究）。這意味著即使擁有現代數位媒體和交通網絡，新行爲在社會的普及仍由在地的人際交流主導。雖然探索活動遠比以前活躍，但我們的社會仍是以交換網絡爲基礎。

網絡社會的設計

那麼，我們可以如何運用這些有關人性的洞見，諸如社會性學習和社會壓力十分重要，以及人類社會本質上較接近交換網絡而非公開市場等，來設計一個較符合人性的社會？社會物理學暗示，我們首先應集中關注意念而非財富的流動，因爲意念流是文化規範和創新的源頭。經濟理論仍然爲社會中意念流的設計提供了一個有用的模板，但我們必須以較準確的人性概念爲基礎，因爲我們並非只是經濟動物，我們的模型必須包含較廣泛的人類動機，例如好奇心、信任和社會壓力等。我們也必須考慮到人類社會的社群和動態網絡性質；也就是說，我們必須集中關注如何創造適當的意念流，幫助個體做出正確的決定和發展出有用的行爲規範。

我認爲，我們正在興起的高度網絡化社會，必須考慮三個設計標準：社會效率（social efficiency）、運作效率（operational efficiency），以及韌性（resilience）。後續段落逐一檢視這三個標準，看看它們可以如何應用在政府和社會上。

社會效率

用經濟學的語言來說，社會效率是指資源在整個社會達致理想分配的狀態——根據亞當．斯密的著名說法，這個過程是靠一隻「無形之手」的運作完成。當然，如第四章所述，除非所有人參與同樣的社會結構，以致同儕壓力使人人皆遵循同一套規則，否則「無形之手」是無法發揮作用的。

這種周延的社會體系，若是有社會效率，則一人受惠，意味著整個社會受惠。反之亦然：損害一人，便是不利於整個社會。當多數人夠富裕時，社會的財富分配得多好，可以藉由社會中最窮、最脆弱者的狀況來衡量。[15]

因爲人性眾所周知的缺點，社會效率是一項可取的目標。將這項原則應用在社會的意念流上，我們會看到，人際間的意念與資訊交換，必須可靠地提供價値，不僅是爲個人，還必須爲整個體系。[16]

達成社會效率目標的傳統方法，是仰賴公開市場的運作，也就是提供公開、公用的資料，以支持公平的市場。這種做法主導了我們一個世紀以來的思維，我們仰賴公開資料，雖然使許多公民系統變得公開、透明，但公共資料的數量和豐富程度，如今已引發有關「隱私終結」的憂慮。我們已發現，個人資料的簡單匿名處理是不可靠的，因爲結合多個資料集往往就能重新辨識當事人的身分。

所以我們正面對這種情況：擁有最大型電腦的人，幾乎能追蹤我們所有的行蹤和行爲，以致我們有步向「老大哥社會」（big brother society）的危險。企業和政府擁有的運算能力遠遠超過個人，這種不均衡狀態正快速變成社會不平等的一大源頭。這兩個趨勢——更多資料可用，運算能力大大提升——結合起來，使權勢驚人地集中在政府和大公司的手上。

除了公開市場外，我們還可以靠交換網絡達致社會效率。這種分享意念和資訊的方式，仰賴對個人資料的有力控管，相關資料僅在當事人同意的範圍內分享，絕不越界。藉由設立可信賴的數位交換網絡，而非運用公開市場機制，我們便能控制個人資料流往何處和如何使用。如我稍早解釋，我認爲這種網絡中的交換，可以更有效地促使亞當·斯密的「無形之手」發揮作用，同時提升公平、信任和穩定程度。

在這裡，我們且以典型的都市經驗，說明可信賴交換網絡的概念。在日常生活中，你和許多人有例行的互動：購買咖啡、搭乘公車，諸如此類。你很可能不知道許多此類互動對象的姓名，而且你幾乎肯定不認識他們的家人、朋友和同事，也不知道他們公餘都在做些什麼。不過，因爲你和他們天天互動，相關交易是可信賴的；也就是說，你會預期今天拿到的咖啡味道一如昨天，而且價格也將一樣或差不多。

你認識這些「熟悉的陌生人」，但不認識他們的交換網絡，這意味著你很難串通別人，去做一些對他們不利的事。因此，這種交易得以避免許多形式的詐欺和作弊。同樣道理，數位信任網絡（例如我們的開放式個人資料儲存系統），可以藉由數位過濾機制有力地控制個人資料，使資料交換變得公開和公平，同時限制當事人承受的風險。這些數位機制確保在所有交換中，個體僅分享最少量的必要個人資料，而且這些資料僅用於指定用途。

現實中，有一些信任網絡存在已久，而且已證明是安全又強健的。如第十章提到，這方面的最佳例子是銀行間的資金轉帳系統ＳＷＩＦＴ，它最顯著的特點是從不曾被駭。[17]銀行搶匪威利．薩頓（Willie Sutton）被問到爲何搶劫銀行時，曾有名言：「因爲錢在那裡。」嗯，現今錢是在ＳＷＩＦＴ裡，這個系統每天處理的資金以兆美元計。這個信任網絡不僅使搶匪無從下手，還確保資金可靠地流向應去之處。

我們可以將這種信任網絡技術，應用在日常的人際互動上，創造出一個基於交換網絡的社會，而非總是訴諸公開市場機制。一如銀行登記加入SWIFT網絡，以便能安全地與其他銀行互動；個體也可以登記加入信任網絡，以便能安全地與其他個體或公司互動，知道自己的個人資料僅會用於自己同意的用途。

信任網絡重視一對一交流和個人有力地控管資料，在達致社會效率之餘，還賦予我們交換網絡的固有特質——公平和穩定。一如前述的「熟悉的陌生人」例子顯示，交換網絡社會感覺上甚至可以比啓蒙時期倡導的公開競爭環境自然。這可能是因爲人類的理智看來是在交換網絡社會這種環境中發展出來的；果眞如此，我們的社會本能和快速推理能力，應該是特別適合在交換網絡中發揮。[18]

公開市場和有力的個人控管模式，只是達致社會效率的兩種方式，我們也可以混合這兩種模式。舉例來說，我們可以建立有限的公有資料（limited data commons），免費對公衆開放相關資料，但結合私有的個人資料，產生大得多的效益。

醫療方面的應用，正是這種公有資料的一個良好例子。一些政府正開始強制要求醫院和藥廠，免費公開有關療效的資料，這種公開資訊加上我們個人醫療紀錄中的私人資料，有助我們大幅改善醫療品質。藉由創建開放的公有資料，爲個人資料提供深度背景，我們可以使自己的個人資料變得有用得多，同時達成社會效率的目標，並使資訊和意念公平流動。在後續的段落「以數據推動發展」中（這很可能是世界上首個大數據公有資源），我將進一步探討這項議題。

運作效率

在社會效率之外，我們也需要運作效率。換句話說，如果我們的社會要在資源有限的現代世界保持興旺，基礎設施的運作必須快速、可靠和不浪費資源。尤其重要的是，資料系統應盡可能支援日常活動的理想運作狀態，特別是當它們被用來控制社會的實體網絡和系統時。據此標準，我們當前的金融、運輸、醫療、能源和政治系統，看來都是不合格的。部分原因可能在於，這些系統全都是十九世紀設計的，當時建造者仰賴嚴格的中央控管，因爲當時主要的感測和資料系統，便是駕駛馬車四處去的人。

達成運作效率目標的其中一步，是創造一種開放的公有資料，使我們得以即時看到「大局」。但這種「上帝之眼」不必包含每一項資料，一般只需要與當前任務相關的總合匿名資料即可。這種總合資料可以用來制定宏觀的政策和規管實體社會系統，其他人則可以藉由個別的私下交換，以私人資料調整系統。這種公有資料的一個應用例子，是彙集匿名的醫療紀錄（必須在審慎的法律限制和稽核下進行）並加以分析，以了解哪些藥物療效最好，以及哪些藥物會產生危險的交互作用。這些總合資料是可以用來調整個人治療方式的意念，例如背景、行動和預期結果等。

科學家目前正在研究，如何藉由這種公有資料的運用和分析，來改善我們的醫療、運輸和其他公共系統。在此同時，乏人注意的一個環節，是如何使人們採用這種資料應用可能產生的見解。相關系統必須符合人性才能產生作用，因爲若非如此，人們不會合作，結果不是忽視它，便是誤用它。

無論是幫助人們發現最好的見解，還是促使人們合作，社會物理學均有其作用。先前各章講過，我們可以利用社群網絡提供更有效的誘因，促成有用的社會規範，使它們發揮作用。現在，我們必須開始應用這些教訓，來改造當前的經濟、政府和工作體系。一如第四章闡述的健康和節能實驗，以及第八章敘述的社群網絡介入顯示，我們可以開始應用社會物理學，來改善社會體系的運作效率。

改善社會體系的關鍵，在於即時監測情況、持續探索最好的應對意念，同時維持社群參與，以便能以協調、一致的方式來應對情勢的變化。如果我們考慮第二章中eToro平台上的良好交易策略，第四章中節能實驗促進合作的社會壓力，以及第七章中紅氣球挑戰賽快速招募參與者的方法，未來的理想體系或許很像維基百科，但在構成體系的互有重疊的多個夥伴群體中，夥伴之間會有面對面的關係，而非完全以虛擬和數位方式聯繫。換句話說，探索好意念將發生在數位領域，但尋求共識的社群參與，將主要是靠面對面的互動。藉由各夥伴群體之中與之間的不斷探索和參與，我們或許可以擴大應用群體動物的古老決策程序——從蜜蜂到猩猩等群體動物均採用這種決策程序，而兼具快思和慢想能力的人類，至今也仍需要這種程序來建立共識。

韌性

第三項設計標準——韌性，與社會體系的長期穩定有關。現今的社會體系，如金融、政府和工作方面，似乎會不時失靈、崩潰或垮掉。我們在設計新體系時，有必要降低這種系統失敗的發生機率。社會體系若是無法快速、準確地因應形勢變化和各種威脅，將無法滿足人類的現代需求。社會體系的長期韌性，顯然取決於我們是否有能力迅速、平穩地適應社會的快速變化，以至罕見的極端事件。站在社會物理學的角度，這基本上是社會性學習多快發生的問題：我們可以如何非常快速地整合來自所有地方的資料（包括意料之外和非傳統的資料來源），然後使用這些資料可靠地調整社會體系？

這種體系一個為人熟悉的例子，可見於災難管理。面對意外的毀壞，當系統僅能部分運作時，我們可以如何迅速恢復基本功能？我們在紅氣球挑戰賽（第七章）中的做法顯示，社群網絡誘因有時可用來引導快速、分散的資源動員。這些例子顯示，我們有望建立人類結合機器的系統，非常迅速地設定經濟和社會誘因，自然而然地組合出完整的系統、產品和服務。

不過，我們不能只想著如何重建毀壞的系統，還必須考慮社會體系整體設計的韌性。一般而言，我們通常會想找到管理一個醫療或交通系統的最佳策略，或是爲系統配置受過最佳訓練的員工。然而，一旦系統風險浮現，例如一些隱蔽的相互依賴關係或假設發生問題時，整個系統便有崩潰的危險。這種隱蔽依賴關係，體現在雷曼兄弟（Lehman Brothers）和美國國際集團（AIG）上，前者的破產和後者的瀕臨破產證明，世界上多數金融體系仰賴大致不受注意和未受妥善規管的金融活動。

因此，若想避免在系統風險中遭到沒頂，我們需要的是一組多樣的系統，而非一個所謂的最佳系統。如此一來，當某個系統失靈時，其他系統便可迅速發揮作用，替代失靈的系統。本書第二章的一個重要教訓，便是多樣性在決策體系中至關緊要，因爲雖然每個策略最終皆可能失敗，許多不同類型的策略同時失敗的可能性非常低。在特殊情況下，某種管理公共衛生的策略可能完全失敗，例如當卡崔娜颶風摧毀電話通訊系統時，紐奧良的醫療體系便幾乎無法運作。但是，颶風並未摧毀業餘無線電網絡，該網絡因此承擔起協調藥物和醫療器材緊急運送的任務。

這一切暗示，爲了維護整個社會的健全，我們需要一組多樣化、相互競爭的社會系統；每個系統都有自己的運作方式，而且在必要時可快速擴展功能。當我們調整一個系統，以造就最佳的意念流時，正好能達致這種健全性。

此外，我們也開始看到這些設計原則，應用在軍事和緊急應變系統上。當局被迫承認，中央決策機關不僅可能遭到破壞或無法運作，而且可能做出錯誤的決定，因爲中央決策者判斷地方局勢的能力不如在地指揮官。因此，這些組織開始訓練體系中所有人分散領導的原則。當決策權落在最適合做決策的人，而非最高階主管的手上時，組織會強健得多，抵禦破壞的能力也會強得多。

不過，這種轉變才剛起步。這些階層式的組織，尚未承認中央指揮官也可能因爲最高領導階層策略錯誤而做出錯誤的決定。這些類型的組織，必須超越管理上的強人理論，開始改善組織方式，以持續檢驗相互競爭的策略。

以數據推動發展

有關人類行爲的資料，例如人口普查資料等，對政府和企業來說向來是不可或缺的。在這個大數據的新時代，我們必須建立可免費取用的數位公有資料，同時也必須保護相關人士的隱私和安全，因爲他們的生活反映在這些資料中。事實上，我們必須建立「資料新政」，使個人能了解他們的相關資料被用在哪些方面，以及這種使用有什麼好處和風險，以便他們可以選擇資料如何在個人層面和透過政府集體分享出去。

二〇一三年五月一日，以非洲國家象牙海岸全國公民爲基礎的大數據公有資源宣告誕生。這可能是全球首個大數據公有資源，世界各地共有九十個研究機構，分析有關象牙海岸民衆移動和通話形態的資料，提出數以百計的分析結果。

這些總合匿名資料，由移動通訊營運商 Orange 捐出，協助單位爲比利時魯汶大學和我在麻省理工學院的實驗室，合作單位包括象牙海岸布瓦凱大學、聯合國全球脈動計劃、世界經濟論壇，以及全球行動通訊系統協會。這項名爲「以數據推動發展」（Ｄ４Ｄ）的倡議，由 Orange 公司的尼可拉斯·德寇德斯（Nicolas De Cordes）、魯汶大學的文森·布朗德爾（Vincent Blondel）、麻省理工學院的我、全球脈動計劃的羅伯特·科克派崔克（Robert Kirkpatrick），以及世界經濟論壇的比爾·霍夫曼（Bill Hoffman）領導。

這項倡議的九十個專案，觸及我在前面提出的全部三項設計標準。以Ｄ４Ｄ資料改善社會效率的一個例子，彰顯在倫敦大學學院（University College of London）的研究上，他們研擬出一種方法，根據手機使用情況的多樣性，畫出「貧富地圖」。[19]這種間接方法，是我的前博士班學生納森·伊格首先注意到的，它倚賴第九章提到的財富效應。[20]當人們的可支配所得增加時，他們的移動和電話通話形態會日益多樣。

Ｄ４Ｄ資料改善社會效率的另一個例子，是加州大學聖地牙哥分校的研究人員，利用相關資料繪製族群邊界圖。[21]其方法是基於下列這項事實：族群和語言群體在自身群體內的交流，遠遠超過群體之間的交流。這項研究有重要的意義，因爲雖然我們知道族群暴力衝突，往往沿著族群邊界爆發，但政府與援助組織通常不確定這些社會斷裂帶（social fault zones）的地理位置。

而利用Ｄ４Ｄ資料促進運作效率的一個例子，是ＩＢＭ都柏林實驗室對象牙海岸公共交通系統的分析。[22]其分析顯示，只需要很低的成本，象牙海岸最大城市阿比讓（Abidjan）的平均通勤時間可以降低一〇％。其他研究小組也證明，該國的政府、商業、農業和金融體系的運作效率，也有類似的改善潛力。

最後，利用Ｄ４Ｄ資料改善社會體系韌性的例子，包括塞爾維亞諾維薩德大學（University of Novi Sad）、瑞士洛桑聯邦理工學院（ＥＰＦＬ）和英國伯明罕大學（University of Birmingham）的學者對疾病傳播情況的分析。他們的分析顯示，公共衛生體系的小幅度改變，便可能減少流感的傳播二〇％，同時顯著減少愛滋病和瘧疾的傳播。[23]前述這些研究結果，不過是這個豐富、獨特的大數據公有資源所造就的非凡研究的一小部分。這些研究的結果，都可以在 www.d4d.orange.com/home 找到。

每一項Ｄ４Ｄ研究均證明，大數據公有資源有改善社會的巨大潛力。對 Orange 來說，這些研究也證明了，結合大數據公有資源和個別用戶私人資料的新服務大有潛力。想像一下，我們可以推出手機應用程式，告訴用戶哪輛公車可以最快送他們上班，或是如何降低感染流感的風險。

這九十個團隊的研究也顯示，許多與釋出人類行爲資料有關的隱私恐懼，可能是基於一些誤解。在這個大數據公有資源中，資料經過先進的電腦演算法處理，例如精密的選樣和總合指標的使用等，不大可能重新辨識當事人的身分。事實上，研究這個問題的數個研究小組，並未發現重新辨識身分的方法。

此外，雖然相關資料可免費提供有興趣的團體做任何正當研究，但這些資料的散布受一份法律契約（類似信任網絡使用的契約）規管，指明資料僅可由提出申請的人做所提議的用途。使用先進的電腦演算法，以及藉由契約法明確規定和稽核個人資料的使用與分享方式，正是歐盟和美國等地新隱私法規的目標。

總結：普羅米修斯之火

在這整本書中，我一再指出，我們必須從個人互動網絡，而非市場或階級的角度去思考社會。爲了做到這一點，我提出一個社會物理學的框架，扼要敘述了人與人之間的意念流動，如何塑造企業、城市和社會的規範、生產力和創造性產出。

我們利用大數據了解具體的意念流形態，藉此創建社會體系，便可預測社會動態如何影響金融和政府決策，或許能大幅改善我們的經濟和法律體系。首先，我們可以開始利用社會物理學的各項工具改善意念流，因而有望提高社會的生產力和創造性產出。密集、連續的資料，加上意念流視覺化，也可以賦予我們監測政策表現、迅速視需要調整和修正政策的空前能力。

這項轉變的初步跡象已經開始浮現。在城市人口快速成長和當局建設大量新城市的激勵下，世界各地的政府和大學正重新檢視城市的組織和管治方式。令人鼓舞的是，許多類似專案正檢討城市的基本設計原則，而且開始重視我和研究同儕關於利用手機感測和信任網絡創造一種神經系統的建議。在麻省理工學院，我們正全力研究城市設計，而身爲麻省理工學院媒體實驗室「城市科學」（City Science）倡議（見 cities.media.mit.edu）的共同主任，我正與多個不同類型的城市合作改善它們的意念流。

保護個人隱私和自由，是資料導向社會的基本原則。爲了協助保障這些個人自由，我多年來與美國、歐盟和世界各地的政界領袖、跨國企業執行長和公共政策倡議團體合作，推動建立一種「資料新政」。相關討論已協助改變世界各地的隱私和資料所有權標準，開始賦予個人對自身資料前所未有的控制權，同時促進公領域和私領域的透明度和參與。

此刻，我們仍面對在社會體系中做更多對照實驗的難題。社會科學界當前使用的科學方法正辜負我們的期望，而且在目前這個大數據的年代有崩潰的危險。未來的一種做法，是建構實地實驗室，爲建設資料導向的社會檢驗相關構想。

最後必須指出，我認爲根據社會物理學原則運作的資料導向社會有巨大的潛在好處，值得我們付出努力和承擔風險。想像一下，我們可以預測金融危機並且減輕衝擊、偵測和預防傳染病，更明智地使用自然資源，促進創造力並縮減貧民區。這些夢想在以前是科幻故事，如今可能成眞，而且就在我們的年代，如果我們能審愼避開相關陷阱的話。那正是社會物理學和資料導向社會的美好願景。

附錄1 現實探勘

社會科學近年正經歷一場數位革命，計算社會科學（πomputational social science）的興起，宣告了這場革命的來臨。在我們二〇〇九年刊登於《科學》期刊的文章中，大衛．雷薩教授和我在十多位研究同儕的支持下，闡述了計算社會科學運用廣度、深度和規模空前的資料，增加我們有關個人、群體和社會的知識之潛力。[1]這場革命的主要驅動因素，是信用卡、手機、網路搜尋等資料來源，所提供的有關人類及其行爲的巨量資料。《麻省理工學院科技評論》將「現實探勘」（reality mining）稱爲「即將改變世界的十項技術」之一，而計算社會科學的發展正是主要拜這種技術所賜。

我和我的學生創建了兩個行爲測量平台，以促進這門新科學的發展。如今，這些平台正爲世界各地數以百計的研究小組，產生大量量化資料。第一個平台是社會計量識別牌（sociometric badge），這種可以記錄佩帶者行爲的電子裝置，取代了簡單的身分識別牌。第二個平台是行爲測量軟體funf，配合如今無所不在的智慧型手機使用。本附錄將簡單描述這兩個資料蒐集平台。

無論是社會計量識別牌，還是智慧型手機funf系統，使用的總體框架是一種縱向實地實驗室或社會觀察研究，結合一套支援系統基礎設施（提供資料的感測、蒐集和處理功能），以及一套反饋和與實驗對象交流的工具。

這些實地實驗室研究的關鍵目標之一，是同時蒐集多種網絡模態（networking modalities）的資料，例如面對面互動、電話通話、電子郵件往來等，以增進我們對其特性和相互關係的了解。我們通常會利用下列元件：

- **數位感測平台**：這是此類研究資料蒐集的核心。我們會以社會計量識別牌或智慧型手機爲原位社交感測器（in situ social sensor），以掌握使用者的活動特徵、親近網絡（proximity networks）和互動形態。社會計量識別牌適合用在已習慣使用身分識別牌的公司中的實驗，而智慧型手機則適合用在以整個社區爲對象的實地實驗室研究。
- **調查**：實驗對象通常會定期完成一些調查。月度調查包括有關他們的自我感知、關係、團體聯繫和互動的問題，以及一些標準分析，例如心理學家的五大人格特質檢驗。每日調查則可能包括有關心情、睡眠和其他活動的問題，通常會記錄在智慧型手機或網路瀏覽器中。

- **購買行爲**：有關購買的資料，會藉由收據和信用卡帳單蒐集。這部分會以可能受同儕影響的類別爲目標，例如娛樂和用餐選擇等。
- **數位社群網絡資料蒐集應用**：參與者可以選擇安裝一個社群媒體應用程式，記錄有關他們的線上社群網絡的資料和交流活動。

當我們比較自動蒐集的數位資料和問卷調查資料時，我們發現一些出人意表的行爲模式。舉例來說，我們只靠某些資料，如實驗對象走了多少路、何時與誰通電話，以及何時花多少時間在面對面社交上等，便能估計其性格類型和可支配所得。我們也能看到某人何時感染流感或心情憂鬱。

根據這些自動蒐集的數位資料，我們很容易掌握社會物理學眞正關心的東西：網絡和意念流。這包括面對面互動、電話通話，以及社群媒體網絡。同樣有意思的，還有位置網絡（哪些人在相同地點消磨時間）和親近網絡（哪些人參與同樣的活動）。

測量這些網絡，使我們得以了解實驗對象接觸各種意念和體驗的情況。基於對這些接觸的了解，我們可以估計人際間的社會影響強度並計算意念流，這使我們得以準確預測群體的決策品質、生產力和創造性產出。

社會計量識別牌

一個組織中最有價值的意念流，是面對面和電話交談，因爲這種交流傳遞最複雜、敏感的資訊。但是，幾乎沒有組織會測量這種意念流，而不測量的東西當然是無法管理的。

我們的研究對象包括創新團隊、醫院的手術後病房、銀行內面對客戶的團隊、後勤部門和客服中心的團隊。我們通常會安排這些組織的所有成員，尤其是管理階層，佩帶社會計量識別牌（如圖19），蒐集有關他們個人交流行爲的資料，如語氣、肢體語言、與誰交談和攀談多久等。我們發現一個驚人的一致現象：交流形態是預測團隊成就的最重要因素，而且其重要性往往不低於所有其他因素，如個人智慧、性格、技能，以及意念內容等的總和。

圖19 社會計量識別牌的標準設計，由「社會測量解決方案」公司提供。

圖19的社會計量識別牌，藉由測量佩帶者表達出來的許多常見社交訊號，蒐集和分析社會行爲資料。它包含一個位置感測器、一個記錄肢體語言的加速感測器、一個偵測誰在附近的距離感測器，以及一個偵測是否有人講話的麥克風。但是，爲了避免侵犯隱私，該裝置並不錄下講話內容，也不錄影。

社會計量識別牌是設計掛在脖子上的，一如典型的企業員工識別牌。實驗對象開始工作時會掛上它，下班時才拿下來。它與一般識別牌的一個差別，在於它必須利用充電座或電腦的USB插槽替電池充電。

社會計量識別牌的功能包括：

- 藉由集合多名實驗對象的數據，得出有關群體能量、參與和探索的數據。
- 測量個人的能量水準、肢體語言呈現的外向程度和同理心，以及與流動狀態相關的節奏形態。

這個裝置可用來爲團隊提供有關群體互動形態的即時反饋，這對虛擬或遠距離團隊特別有用。這項產品現在由從麻省理工學院分拆出來的公司「社會測量解決方案」製造（我是該公司的共同創辦人），可用在商業顧問工作上，也可在非營利的基礎上供研究者使用。

這種識別牌蒐集的資料，正在改變辦公空間的布局設計，也正在改變企業對互動形態的認識。這種資料對遠距離工作和跨文化團隊特別重要（這種工作團隊在今日的全球經濟體中關係重大），因爲他們能據此將互動形態視覺化並加以改善。

截至二〇一三年，已有好幾十個研究小組，開始使用社會計量識別牌來做社會物理學的研究。此外，數十家公司，包括許多名列《財星》雜誌一千大（*Fortune* 1000）的公司，正使用這種裝置協助辦公空間和組織的改造規劃。進一步的資料，請參考 www.sociometricsolutions.

com。

手機感測

我和我的學生利用智慧型手機和普遍的計算方法，開發出一個以手機爲中心的社交活動和行爲感測系統，名爲 funf。這套系統蒐集的資料，包括超過二十五種基於手機的連續訊號，例如位置、加速感測資料、基於藍芽的裝置鄰近情況、通訊活動、安裝的應用程式、正在使用的應用程式、多媒體和檔案系統資料，以及我們試驗的應用程式所產生的額外資料。此外，我們也蒐集其他類型的資料，包括藉由收據和信用卡帳單獲得的財務資料；數位社群媒體活動紀錄；有關心情、壓力、睡眠、生產力和社交情況的每日調查；有關健康情況的其他資料；標準的心理分析，例如人格測驗；以及實驗對象手動輸入的許多其他類型的資料。

這些資料使我們得以自動重建實驗對象社區的多種網絡模態，例如他們的電話通訊、面對面的互動、線上社會關係，以及手動自報的網絡等。我們利用這些網絡觀察，研究意念、決定、情緒，以至流感等事物如何在社區內傳播。我們的高層次目標，包括研究「自然」和外部強加的社會機制如何影響行爲和決策，以及以提升決策品質爲目的的新機制或工具該如何設計與評價。

納德夫·阿哈龍尼等人在二〇一一年描述的 funf 開放感測框架（funf Open Sensing Frame-

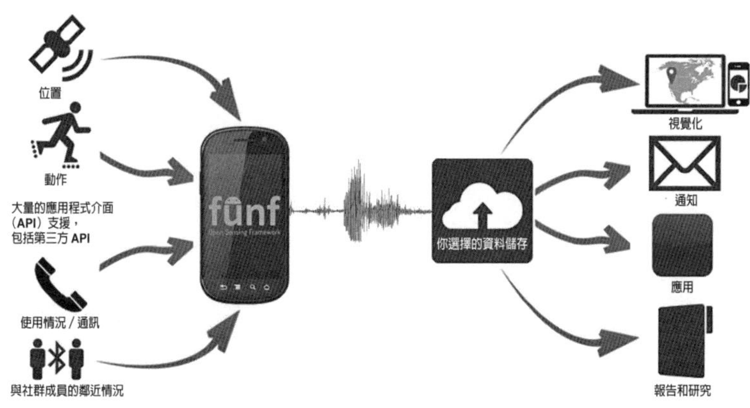

圖 20 手機感測系統 funf。

work），是一種可擴展的行動裝置感測和資料處理框架。它提供了一套開放源碼、可重複使用的功能，使我們得以蒐集、上傳和設計許多類型的資料。目前世界各地，有超過一千五百個研究小組正在使用 funf。

這套系統是設計來做科學研究的，使用這套系統的核心問題之一是保護隱私和敏感資料，所以 funf 的所有功能都包括嚴格的隱私保護措施。例如，funf 蒐集的資料，是與特別設計的手機用戶識別碼連結，而非與他們現實世界中的識別資料相連。人類可讀的文字，例如文字訊息和電話號碼，全都以散列識別碼（hashed identifiers）存起來，絕不以可讀文字的形式儲存。

標準的 funf 感測功能包括：

全球衛星定位（GPS）

無線區域網路（WLAN）

加速感測器

藍芽

基地台ＩＤ

通話紀錄

簡訊紀錄

瀏覽器紀錄

聯絡人

使用的應用程式

安裝的應用程式

螢幕狀態

媒體電池狀態

這套系統還能記錄社群媒體活動、信用卡活動和其他類型的資料。使用 Android 手機，可在 www.funf.org 獲得這套系統。

附錄 2 開放式個人資料儲存

個人資料——有關使用者位置、通話、網路搜尋和偏好的數位資料——被稱爲新經濟的石油，而我的見聞使我更相信這項比喻。[1]各種應用程式正是靠這些高維度資料，提供智慧型服務和個人化的體驗。從 Google 搜尋到 Netflix「你不應錯過的電影」，從網路電台潘朵拉（Pandora.com）到亞馬遜網路書店（Amazon.com），個人資料是驅動數百種服務的燃料。演算法幫助服務使用者加強與世界的聯繫，提升生產力和獲得更多娛樂。這些應用也彰顯了以用戶爲中心的資料，具有驚人潛力和潛在風險。

個人和以用戶爲中心的資料，已經有人大規模地蒐集、處理和利用。數以百計的各種服務和公司蒐集和儲存這些資料，這種零碎狀態使創新的服務和產生這些資料的當事人，無法取得和使用它們。當事人無法充分利用他們的資料，而且也很難、甚至是不可能了解與管理相關風險，因爲多數資料並非匿名或是有辦法辨別當事人的身分，而這是一個大問題。這些資料的使用和探勘技術，必須與資料的所有權和隱私保護設計同步發展。

邁向個人資料儲存

個人資料的所有權和儲存方式，已成爲人們討論的議題很長一段時間。不過，相關解決方案的大規模應用是一個雞與蛋的問題，因爲用戶在等合適的服務，而服務則在等用戶採用。

我和約翰．克利平格在資料導向設計中心的研究顯示，最近的政治和法律發展，改變了這方面的情況。[2] 我和博士與博士後學生伊夫．亞歷山卓．蒙如耶、艾瑞茲．史梅利和王聲宏開發出名爲「開放式個人資料儲存」（openPDS）的框架，[3] 它採用世界經濟論壇的資料「所有權」定義，也就是資料的占有權、使用權和處分權（這是我爲「資料新政」所提出的）。[4] 此外，它也遵循網路空間可信身分國家策略（National Strategy for Trusted Identities in Cyberspace, NSTIC）、[5] 美國商務部綠皮書，以及美國網路空間國際策略的政策。[6] openPDS 這個框架，也與歐盟執委會二〇一二年的資料保護規則改革高度一致。[7] 這些建議、改革提議和規則全都承認，個人資料愈來愈需要受當事人控管，因爲當事人最清楚相關的風險和好處。

在當前這個用戶每天與很多公司互動的年代，互通性（interoperability）不足以達致實質的資料所有權，遑論解決隱私問題。爲了達致眞正的資料所有權，用戶必須擁有一個安全的空間來集中儲存自身的資料。擁有一個個人資料儲存空間（ＰＤＳ），將使用戶得以檢視和了解其資料的可能使用方式，並控制資料的流動，以管理細緻的資料存取。

除了可促進資料所有權外，ＰＤＳ也是一個特別誘人的解決方案，因爲它能促成一個公平、有效率的資料市場，也就是用戶可以替其資料取得最佳服務和演算法的市場。[8]

- **公平**：用戶控制資料的存取，因此可以評價相關服務。用戶可以考慮公司的聲譽，決定該公司的服務是否值得他提供其要求的資料。在我們建議的框架中，用戶可以問諸如下列的問題：「找出這首歌的名稱，是否值得我透露自己的位置？」因此可以很方便地改用另一種服務。
- **有效率**：用戶可以很順暢地允許新服務存取其資料。我們提議的框架清除了新企業的市場進入障礙，使創新能力最強的公司，得以提供仰賴資料的更好服務。這個框架也能激勵企業，因爲用戶選擇的服務可以不必靠自己蒐集大部分資料，企業可以存取智慧型手機的感測器，以及其他應用程式或服務已經蒐集的歷史資料。因此，服務業者可以專注利用全部的可用資料，盡可能提供最好的用戶體驗。舉例來說，音樂服務公司可以根據用戶在網路上表示自己喜歡的歌曲和藝人、用戶朋友的喜好，甚至是用戶光顧哪些夜店，來提供個人化的電台服務。

有關個人資料的儲存、存取控制和隱私保護問題，也有人提出了其他方案。不過，

openPDS在其與現行政治和法律思維一致，以及其保護隱私的動態機制這兩方面均是獨特的。

保護個人資料的隱私，是眾所周知的一個難題。高維度資料的相關風險，往往是微妙和難預測的。[9][10]將個人的非總合資料匿名化是很困難的，專家已表示這是「演算法上不可能」（algorithmically impossible）的難題。[11]近幾年來，有很多研究顯示，看似匿名的資料集有「被解密」的風險，當事人的身分可能被重新辨識出來。例如，就有人發現，數百萬名用戶的移動資料集，可能只需要四個時空資料點，就能辨識出當事人的身分。[12]

動態隱私：一種新典範

人們已經提出很多保護或模糊處理個人資料的方案，但這些方案沒有一個能滿足現今記錄的高維度、多模態和持續演變資料的需要。我們研擬出動態隱私的概念，以便將演算法上不可能解決的匿名化問題，轉化爲一個較容易處理的安全問題，其做法是回答問題，而非允許服務業者存取原始資料。

想像一下，有項服務希望根據用戶是否正在跑步，來提供個人化的用戶體驗。在現行模式下，這項服務會蒐集來自用戶手機的位置和／或加速感測器資料，然後上傳至遠處某個伺服器，以計算出相關資料，也就是用戶是否正在跑步。在openPDS／動態隱私機制下，用戶的PDS中將安裝一段程式。這段程式將在PDS的安全環境下，利用敏感的位置和加速感測器資料，計算出這項服務需要的答案，而遠處的伺服器只會收到這個答案。

結合資料所有權，這個簡單的構想，使用戶得以受惠於個性化服務，而不必分享原始資料，如原始的加速感測器讀數或GPS座標。換句話說，用戶分享出去的，是服務所需要的答案，而非原始資料。雖然這種做法本身不是一種完整的方案，但自動縮減資料的維度和範圍，僅提供特定問題所需要的最少資料，使分享資料變得較爲安全。這種機制也使用戶得以安全地授出或撤銷資料存取許可，不需要可信的第三方，即可匿名分享資料，並監督、審核資料的使用。群體計算機制的功能更進一步，允許多名用戶匿名提供資料，總合起來回答諸如下列的問題：「目前有多少位用戶在這個區域？」

用戶體驗

假設愛麗絲希望在不使用PDS的情況下，安裝Foursquare這個用來打卡報告位置的Android應用程式。愛麗絲會將該程式下載到自己的手機，授權Foursquare存取手機的網絡通訊、個人資料和手機功能設定等資料——這是用戶在Android手機上，安裝任何新應用程式時會遇到的問題。愛麗絲將建立一個使用者帳戶，然後從零開始與Foursquare建立關係。

Foursquare會將它蒐集到的有關愛麗絲的所有資料，儲存在其後端的伺服器上。愛麗絲將無法存取這些資料，也無法看到Foursquare使用什麼資料來推斷她這個人。此外，各種服務之間若有整合，是在幕後發生的。如果 Foursquare 希望利用推特或臉書的資料，愛麗絲將必須做出相關授權，但她基本上不會知道 Foursquare 隨後使用多少外部資料。

如果愛麗絲選擇下載結合 PDS 使用的 Foursquare 版本，她將像安裝其他 Android 應用程式那樣安裝這個程式。當這個程式啓動時，將提醒愛麗絲在其 PDS 中安裝一個 Foursquare 應用程式。這個 PDS 程式，會說明 Foursquare 將確切存取愛麗絲 PDS 中的哪些資料，以及哪些概要資料將傳送給 Foursquare 的伺服器，使愛麗絲得以了解安裝這個程式對其隱私有何影響。

這個 Foursquare PDS 程式，將存取和處理愛麗絲 PDS 中的資料，而不是將愛麗絲的個人資料儲存在 Foursquare 的伺服器上。愛麗絲將在她喜歡的雲端服務商或自己的伺服器上，安裝或購買一個 PDS。假以時日，她的 PDS 將儲存她的手機蒐集的資料，以及有關她的音樂品味和聯絡人的資料，還有她在日常生活中累積的其他感測器資料。愛麗絲將能完全控制這些資料，也能看到她的手機、其他感測器和各種服務，確切蒐集了哪些有關她的資料。

因爲這個 Foursquare PDS 是在愛麗絲擁有的基礎設備上運行，愛麗絲可核查外流的資料，以確保當中沒有意料之外的東西。如此一來，我們可以在這個 PDS 上，建立豐富的應用和服務，利用各種不同的資料源，而愛麗絲則仍然擁有這些計算背後的資料，而且能夠採取措施，保護自己各方面的隱私。

實際應用的例子

精神病雖然往往是可治療的，但在世界各地卻是社會成本最高的健康問題之一。舉例來說，在已開發市場經濟體中，重度憂鬱是失能的一大原因。精神異常的診斷，極其仰賴病人、教師、家人或鄰居的報告。

精神異常的許多症狀，涉及當事人的身體運動、活動和交流形態，而這一切皆可藉由手機資料測量。加速感測器可以偵測到坐立不安、踱步和突然或狂亂的動作。位置追蹤可以偵測當事人探訪的地方、走的路線，以及整體活動量的變化。當事人與其他人通訊的頻率和形態，以及他們講話的內容和態度，也可能透露出數種精神異常的關鍵跡象。此外，如果可以偶爾問問當事人的感受，或是他們在行爲開始變得令人擔心時在做些什麼，這些資料的價值將可大爲增加。

如果我們可以被動地自動測量這些精神痛苦的「誠實訊號」，醫護人員或許能在當事人的生活失控之前接觸他們。更重要的是，如果他們的朋友可以收到出現問題的提示，便能在最幫得上忙的時候伸出援手。當然，這涉及當事人的隱私問題。

我針對手機感測器測量的行爲誠實訊號可以如何用來評估精神健康，以及當事人與朋友分享這些訊號有何價值的觀察，促使美國國防部高等研究計劃署將 openPDS 和 funf 系統，納入其「心理訊號的偵測和計算分析計劃」（Detection and Computational Analysis of Psychological Signals, DCAPS）中。[13]

在「心理訊號的偵測和計算分析計劃」中，智慧型手機提供了一個無所不在的平台，可以在自然狀態下持續感測和監測當事人，而且能將老人配合監測的負擔降至最小。這些裝置可以記錄用戶的語氣、與他人互動的頻率、整體的運動和活動量，以及其他微妙和誠實的社交訊號。事實上，用來診斷各種精神健康問題的《精神疾病診斷與統計手冊》第四版（*The Diagnostic and Statistical Manual of Mental Disorders, Fourth Edition*, DSM－IV），有一大部分症狀著眼於行為的變化，而這恰恰是智慧型手機可以記錄的資料——這本手冊的第四版已於二〇一三年更新為第五版（DSM－V），是最廣泛使用的精神疾病診斷手冊。

我們的 openPDS 和 funf 系統，提供了一個保護隱私、安全和可擴展的移動感測平台，透過手機蒐集誠實訊號資料，可以用來分析心理困擾的形態。資料可以安全地儲存在 openPDS 中，各當事人可以看到和分享針對他們的整體精神健康狀態的反饋。

圖 21 顯示了我在麻省理工學院實驗室開發的「心理訊號的偵測和計算分析計劃」手機界面；這項計劃的其他承包人開發了他們自己的介面。用戶可以在我這個介面上，看到他們前一天的行為在三方面的評價：活動量、社交量，以及活動期間的專注程度。這三個面向都是 DSM-IV 用來診斷憂鬱症和創傷後壓力症候群（post-traumatic stress disorder, PTSD）的標準，

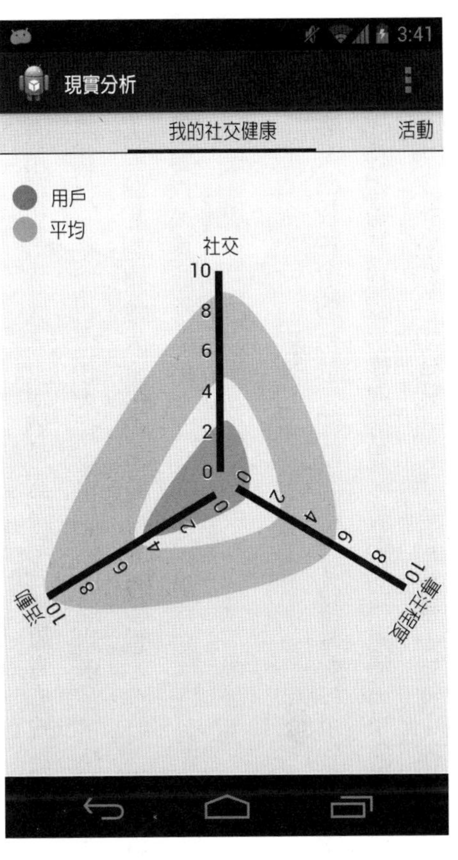

圖21 精神健康狀態安全和私人的測量，以手機爲工具。

但也是日常生活的面向，因此用戶和醫護人員都可以理解其意義。圖21的中間深灰區塊，顯示用戶前一天的行爲情況；外面的一環，顯示用戶的夥伴最高和最低的活動量、社交量和專注程度。在這個例子中，用戶的情況相對於同儕顯然很異常，應鼓勵用戶及其夥伴考慮討論這種情況的原因。

附錄3 快思慢想與自由意志

心理學家丹尼爾・康納曼和人工智慧先驅赫伯特・西蒙均曾榮獲諾貝爾獎，他們也都認爲人類有兩種思考方式。[1]康納曼認爲，一種思考方式是快速、自動和大致上不自覺的；另一種則是緩慢、基於規則和大致上自覺的。簡略而言，快思模式驅動習慣和直覺，基本上是利用個人經驗和觀察他人所得的經驗之間的聯想。相對之下，慢想模式則是運用推理，結合我們的信念以求達成新結論。

快思

快思是個較古老的系統，即使問題涉及複雜的折中，也能使我們馬上得出答案。快思這種能力，也很善於找到形態和聯想。我們的快思能力，擅長從我們自身的經驗和接觸他人的經驗中學習，但它限於形成聯想，不會動用抽象推理。快思是我們繼承自人猿祖先的能力，早期人類的心智能力，很可能主要是基於這個系統。

快思基於選擇看似有用的意念，包括一項行動、採取行動的背景，以及可能的結果等，來做爲未來的行爲模範。因爲快思是很自動、不自覺的，我們對於選擇哪些意念做爲行爲模範理應非常審愼。因此，我們建立新行爲習慣的速度很慢，這點並不令人意外。我們往往需要看到某個意念有很多成功的例子，才會將它納入我們的行爲習慣中；因此，與正在試驗相同意念的人往來，是我們形成新習慣的典型方式。[2]觀察他人的經驗提供了必要的事例，幫助我們判斷自己若採用某個新意念，是否將會成功。

慢想

雖然快思的效果很好——其根源看來至少可追溯至一億年前，而且可能是所有哺乳動物所共有的——它也有一些實在的缺點，因爲仰賴聯想這種機制，來選擇當前處境下的正確行動，本質上是有局限的。事實上，康納曼和一些學者推測，人類會發展出慢想的能力，很可能正是快思的局限促成的。

慢想是基於個人推理產生的信念，以及看似有意思的觀察——也就是一些未來可能有用的事實。慢想基於規則和深思，因此處理不確定的新意念是安全的，因爲我們最終可以確定這些意念，是否符合我們相信的其他事物。所以，我們快速了解新事實，而且持續參與探索行爲是有道理的。如第二章所述，探索行爲可以增強我們做出好決定的能力。

語言與慢想緊密相關，雖然我們有時會透過特別難忘的故事，將其他人的經驗整合進我們的快思習慣中，但語言的眞正力量，在於它使慢想的信念結構得以傳遍一個群體。儘管透過慢想得出結論通常是緩慢和費勁的，慢想對於人類生存能力的關鍵貢獻，可能在於它使我們得以突破此時此地和熟悉經驗的界限。[3]

在許多情況下，快思優於慢想，這點令許多人感到驚訝。[4]當問題複雜且涉及不同目標的折中時，快思中使用的聯想機制，通常勝過較緩慢的推理機制。當我們必須在有限時間內做出決定時，情況尤其如此。因此，許多科學家認爲，我們絕大多數的日常行爲是仰賴快思，我們根本就沒有時間藉由慢想將事情想通透。[5]快思的力量在緊急情況中至爲明顯，人們在這種情況下往往會說：「我想都沒想就做出反應。」在我們應付單調的日常例行公事時，也是這樣：當我們在整理文件或開車時，往往會做白日夢或與別人閒聊。

因此，雖然我們從事某項活動，可能是出於一個高層次的自覺決定，但由於許多活動是我們非常熟悉的，我們在做這些活動時仰賴快思能力，反應大致上是自動和無意識的。當我們在做自己非常熟練的活動時，例如日常生活中的例行公事、與人閒聊，或是從事使用身體的活動如開車或騎單車等，我們的生活大致自動的性質至爲明顯。對於這些習以爲常的活動，我們往往很難說明自己確切做了些什麼或爲什麼這麼做，因爲當我們做這些事時，根本是處於一種自動運作的狀態。

快思加上慢想

快思與慢想之間的互動詳情往往難以明辨，因爲演化已將它們非常緊密地綁在一起。我認爲，我們在「社群演化」和「朋友與家人」研究中看到的，主要是習慣性快思或直覺思考的作用；各人在各種處境下發揮這種能力，以類似的方式學會新行爲。相對之下，慢想推理太多樣化和複雜，除了在決定加入哪條意念流時發揮作用外，無法在這些實驗中以單一因素呈現出來。不過，我們可以藉由諸如第三章敘述的那種大數據實驗，開始研究快思和慢想如何彼此配合。

我的研究顯示，人類的持續探索行爲，往往是一種自覺的慢想過程，由所有交流管道獲得的社會見識引導，例如意念在同儕之間看來是否受歡迎等。這種同儕壓力是資訊性（informative），而非規範性（normative）的。

雖然各種社會見識引導探索的慢想過程，這些見識與快思的學習過程並非密切相關。一項新發現的行爲，是否會被整合進快思習慣和直覺中，主要取決於這項行爲與同儕社群建立起來的長期常識有多符合。

有關快思和慢想的最佳概述是這樣：習慣和直覺基於快思，這種能力利用我們與其他人的往來，將其他人和我們自己的經驗整合起來，形成我們的行動習慣。慢想的核心功能，看來是探索和引導我們的注意力去協助思考問題，而支持慢想能力的，是我們藉由個人知覺和語言所獲得的對事件、背景和相關關係的觀察。[6]

因爲認識到人類有兩個運作方式大不相同的思考系統，哲學、人類學和社會學中的許多經典爭論爲之改變。[7]此一學術爭論的一方，有人類學家如克勞德・李維史陀（Claude Lévi-Strauss）、哲學家暨經濟學家如卡爾・馬克思和亞當・斯密，以及許多社會心理學家，這個陣營的思想家強調社會結構如何主導個體的行爲。另一陣營的學者，包括哲學家如尚・保羅・沙特（Jean-Paul Sartre）、賽局理論家和認知科學家，強調自由意志和個體的認知過程如何主導個人行爲。

有關人類有兩種思考方式的現代發現，產生了這項結論：自由意志與社會情境爭論的兩方說法均正確，但兩者均不能正確解釋所有時候的所有人類行爲。比方說，我們在有關政治信念的「社群演化」研究中發現，人們顯然會動用慢想能力，來決定自己與自由派或保守派相處比較舒服。然而，在他們做出這項抉擇後，快思的自動學習能力，會使他們吸收自己選擇的群體的相關直覺和習慣。

不過，站在量化的角度，社會影響陣營是勝利者。我們絕大多數的行爲是習慣性，而非經過理性思考的結果，雖然這違反許多人希望建立的自我觀感。[8]如康納曼指出，我們的多數行爲，是基於直覺和習慣的快速判斷，而非緩慢的推理過程。但是，就像自由意志陣營指出的，我們最重要的決定，大部分很可能是緩慢推理的結果。

附錄4 數學

我們如何能在互動網絡未知的情況下，替社會體系中個體之間的影響、社會性學習和同儕壓力建立模型？在本附錄中，我將做下列四件事：⑴檢視影響模型，這個模型利用獨立的時間序列，估計系統中一名行動者的狀態如何影響另一名行動者的狀態；⑵說明這個一般架構，可以如何用來替跨數種模態的社會性學習建立模型；⑶說明如何預測社群網絡中的行爲變化傳播（意念流）；以及⑷解釋如何利用社群網絡誘因改變意念流。

「影響」（influence）這個概念，在自然科學中極其重要。「影響」的基本概念是，某個實體的一種結果，可以導致另一實體出現某種結果。推倒第一張骨牌，第二張骨牌也將會倒下。如果我們知道兩張骨牌確切如何互動（一張骨牌如何影響另一張骨牌），而且知道所有骨牌的初始狀態和相對位置，我們就能預測整個系統的結果。

數十年來，社會科學界也對分析和了解社會體系中誰影響誰有興趣。但是，現實世界中的對應情況取決於具體行爲，具體互動的情境脈絡可以改變一名行動者對另一名行動者的影響。令問題更複雜的是，行動者可以選擇與誰互動，而這可能使研究者無法從行動者之間的相關行爲（correlated behaviors）推斷出他們之間的影響。因此，學界極想研究出一些方法，幫助他們更妥善了解網絡化的互動，對社會行爲和結果的傳播有何影響。

社會科學界已審愼研究諸如群體討論等交流環境，以增進對影響背後因果機制的了解。不過，現代感測系統的進步，如社會計量識別牌和智慧型手機的出現，如今可蒐集到每個人的社會行爲訊號，其價值和時空解析度均非常高。困難在於如何利用這些資料，更妥善推斷社會體系中的影響。

在本附錄中，我將先闡述影響模型，目前的版本是董文和我在他的碩士論文中率先研擬出來的，後來經由我實驗室中的潘巍、曼尼爾·希布萊恩和譚米·金姆，以及加州大學聖地牙哥分校的社會科學家詹姆斯·福勒改進。[1]本附錄採用潘巍等人敘述的版本。[2]其他文獻中類似的影響定義，包括物理學中的表決模型研究、流行病學中的層階模型、心理學中的態度影響，以及經濟學中的資訊交換模型。

不過，以前的影響模型很難，甚至是不可能用來根據現實世界的觀察來預測行爲變化。經典的擴散模型，如馬克·格蘭諾維特（Mark Granovetter）的研究，適用於模擬，但缺乏數據擬合和預測能力。[3]社會科學界使用的統計分析，如匹配樣本估計，僅對辨識網絡效應和機制有用。[4]最近，計算機科學有關推斷網絡結構的研究，假定一個簡單的擴散機制，僅適用於眞實網絡的人工模擬數據。[5]

如本書闡述的數個例子顯示，我們的研究處理前述每一個問題。我們的影響模型，當然不是解釋社交互動動態的唯一方式，也並非社會物理學獨一無二的模型，但它是一個可擴展和有效率的模型，可以處理異質的個體、不斷變化的社會關係，以及殘缺或多雜訊的資料。而且，這個模型已證實足以應付在許多、許多情況下的任務。

我們的影響模型，是建基於影響的一個明確抽象定義：某個實體的狀態，受其網絡鄰居的狀態影響並相應改變。網絡中每一個實體，對網絡中每一個其他實體都有特定的影響力道，而每一段關係都可以根據這種影響力道衡量。

「朋友與家人」和「社群演化」等研究的實驗結果已證明，我們可以根據一個人與已採納某項行爲的同儕的接觸量，頗爲準確地估計他採納這項行爲的機率——至少就行動與結果看得見的行爲是這樣。這就是社會物理學務實可行的原因，如果沒有這些有力的社會性學習和社會壓力效應，我們將必須替每個人的具體思考模式建立模型。

因此，藉由結合影響模型和測量接觸同儕行爲的多寡，或測量社會聯繫的強度，我們可以針對某個人將採納某項行爲的機率做出有用的預測。行爲採納的變異，約四〇%通常可用這種方式預測；也就是說，我們的影響模型預測行爲結果的效力，約與以智商或基因構造預測行爲結果的效力相若。

我認爲，我們的影響模型，是社會科學界的一項獨特工具，因爲它可以應用在各式各樣的社會體系上，包括各種集合體如組織、國家和機構，以及本身可視爲網絡中的行動者的社會體系。研究人員也可以運用這個影響模型，在網絡結構未知的情況下推斷互動和動態，他們只需要源自個別觀察的有關時間序列訊號的資料。

雖然這種建立模型的方法受到的局限，一如所有網絡觀察的研究，行爲在時間和社群空間的排序，使其他機制如選擇效應和脈絡異質性，比較不可能解釋這個模型釐清的影響形態。

實體之間的影響

我和學生針對人類社交互動建立的影響模型，以實體系統C爲起點。系統中每一個實體c，都是一名獨立的行動者；一個實體可能是一個人，例如在群體討論中便可能是這樣。這些實體沿著一個社群網絡，彼此互動和影響。我們將影響定義爲，每個實體在 t 這個時點的狀態 $h_t^{(c)}$，與所有實體在 t-1 這個時點的狀態 $h_{t-1}^{(C)}$ 之間的條件相依性（conditional dependence）。因此，直覺告訴我們，$h_t^{(c)}$ 受所有其他實體的影響。此一「馬可夫假設」（Markovian assumption）的一個重要涵義，是因爲我們納入 t-1 這個時點的全部資料，已完整地考慮了 t-1

之前狀態的全部影響。這不代表更早的時期並無影響或不重要，只是全部的效應已反映在 t-1 這個時點的狀態上。

每個實體均有一組數目有限的可能狀態 1,..., S。在 t 這個時點，每個實體 c 均處於當中的一種狀態，以符號表示爲 $h_t^{(c)} \in (1,\ldots,S)$。我們不需要每個實體均有同一組可能狀態，但是爲了簡單起見，我們在不失一般性的原則下，假設每個實體的可能狀態組合均相同。每個實體的狀態並非可以直接看見，但一如在一個隱藏式馬可夫模型（hidden Markov model, HMM）中，每個實體在 t 這個時點，均會基於當前潛在狀態 $h_t^{(c)}$ 釋出訊號 $O_t^{(c)}$，而其釋出條件機率爲 Prob（$O_t^{(c)}|h_t^{(c)}$）。

以狀態相依性——某實體的狀態如何影響其他實體的狀態，以及如何受其他實體狀態的影響——來界定社會影響，是源自統計物理學和機器學習的一個概念。研究者早已使用貝氏網絡（Bayesian networks）來理解和處理社交互動的時間序列資料。早期的研究使用耦合隱藏式馬可夫模型，較近期的研究則使用動態系統樹（dynamic system trees）和互動馬可夫鏈（interacting Markov chains）。我們的模型是獨特的，因爲它簡潔地將社群網絡與狀態相依性聯繫起來。

一個社會體系由彼此互動和影響的許多實體構成，社會影響可以表達爲每個實體在 t 這個時點的狀態 $h_t^{(c)}$，與所有實體在 t-1 這個時點的狀態 $h_{t-1}^{(1)},\ldots,h_{t-1}^{(C)}$ 之間的條件相依性。因此，直覺告訴我們，$h_t^{(c)}$ 受所有其他實體的影響，其條件機率是：

$$\text{Prob}\,(h_t^{(c')} \mid h_{t-1}^{(1)}, \dots, h_{t-1}^{(C)}) \qquad (1)$$

這自然是描述一個生成式隨機過程（generative stochastic process）。我們可以利用一個耦合馬可夫模型，以一般組合方式將(1)轉化爲一個同等的隱藏式馬可夫模型，當中每個不同的潛在狀態組合 $h_{t-1}^{(1)}, \dots, h_{t-1}^{(C)}$ 以某個獨特狀態代表。因此，一個體系若有C個互動的實體，同等隱藏式馬可夫模型將有 S^C 個可能狀態，而這在實際應用上是不可接受的。

相對之下，我們的影響模型使用較簡單的方法，參數大大減少。實體1,…, C這麼影響c'：

$$\text{Prob}\,(h_t^{(c')} \mid h_{t-1}^{(1)}, \dots, h_{t-1}^{(C)}) = \Sigma_{c=(1,\dots,C)}\, R_{c',c} \times \text{Prob}\,(h_t^{(c')} \mid h_{t-1}^{(C)}) \qquad (2)$$

R是一個C×C行的隨機矩陣，描述實體之間的聯繫強度。$\text{Prob}\,(h_t^{(c')} \mid h_{t-1}^{(C)})$ 以S×S行的隨機矩陣 $M^{c,c'}$ 構建，這個矩陣描述不同實體狀態間的條件機率，被稱爲「轉移矩陣」(transition matrix)。一般來說，每個實體c有C個不同的轉移矩陣，去記錄c與c'=1, . . . ,C之間的影響動態。但是，我們可以簡化這種情況，辦法是以兩個S×S的矩陣（E^c 與 F^c）替代C個不同矩陣：$E^c=M^{c,c'}$ 記錄自我轉移，而因爲實體c對其他實體的影響也是類似，在c'≠c的所有情況下，實體間狀態轉移 $M^{c,c'}=F^{c}$。

可以這麼理解公式 2：所有實體在 t-1 時的狀態，均將影響實體 c'在 t 時的狀態。但是，不同實體間的影響力道各有不同。$R^{c',c}$ 記錄 c 對 c'的影響力道。實體 c'在 t 時的狀態分布，是所有其他實體影響的加權總和，權重爲各實體對 c'的影響力道。因爲 R 記錄任何兩個實體間的影響力道，我們稱它爲「影響矩陣」（influence matrix）。

參數的數目，會按實體的數目 C 和可能狀態的數目 S，以二次方的速度增加。這大致解除了大型訓練集（training sets）的要求，也降低了模型過度擬合（model overfitting）的可能性，使我們的影響模型可擴大應用在較大型的社會體系上。此外，R 可自然當作一個有向權重圖的相鄰矩陣看待。這個模型得出的兩個節點之間的影響力道，可視爲社群網絡中的聯繫強度。如此一來，這個模型將條件機率相依性與加權網絡拓撲（weighted network topology）聯繫了起來。事實上，R 最常用來了解社會結構。估計影響模型參數的 Matlab 程式碼和問題範例，請見 vismod.media.mit.edu/vismod/demos/influence-model/index.html。

這個影響模型已應用在各種社會科學實驗上，尤其是那些以社會計量識別牌和智慧型手機監測的實驗，[6]包括研究對話輪替和社群網絡中的主導力量，以及了解人類互動脈絡的實驗。例如，我和我的學生便使用該影響模型，根據荒野求生任務的群體討論資料集，分析每個人的功能角色，如追隨者、定向者、給予者和尋覓者等。[7]我們發現，相對於較傳統的其他方法，影響矩陣能達致較高的分類準確性。該影響模型最近已擴展應用至各種系統，包括交通形態[8]和流感爆發形態。[9]此外，相關的方法論也有進步，使這個模型能納入影響矩陣本身的動態變化。[10]

相關的研究法利用貝氏網絡，去理解和處理社交互動的時間序列資料，例子包括耦合隱藏式馬可夫模型、動態系統樹和互動馬可夫鏈。這些做法與前述影響模型的關鍵差異，在於影響矩陣 R 將眞實網絡與狀態相依性聯繫了起來。

反向問題：推斷潛在變量。在多數的實際情況下，我們只會獲得包含行爲測量的時間序列觀察資料。根據這些觀察，我們必須推斷出影響模型的潛在變量和系統參數的分布情況。我們在研究中使用變分最大期望值演算法（variational expectation maximization, EM），雖然平均場方法（mean-field method）也行得通，詳情請參考我和多位研究同儕的相關發表。[11]

討論：我已描述影響模型，並說明它可以如何用來根據各種社交訊號，推斷網絡中的實體如何彼此影響。具體而言，我們可以使用由此產生的影響矩陣 R，將背後的社群網絡和相關個體行爲狀態轉移的隨機過程聯繫起來。

這個影響模型與其他機器學習模型，擁有一些共同的局限：推斷需要充分的訓練資料（training data），而且必須經過調整，才能得到最佳結果。最重要的局限在於，我們試圖根據觀察所得的資料推斷出因果過程，而這些資料可能是很多機制產生作用的結果。如果我們發現兩個人的行爲是相關的，那可能是當中一人受另一人的影響，但也可能是因爲選擇（我選擇與和自己相像的人互動）或情境因素（你和我均受某事件或不在資料中的第三者影響）。最近有研究顯示，這些機制一般會混在一起，難以分得清楚。不過，因爲我們有時間資料可以檢驗因果次序，也有網絡關係的不對稱性可以檢驗影響的方向，因此我們可以比僅擁有對稱關係橫斷面資料時，抱持更大（但非百分百）的信心。

爲多管道的影響建立模型（第三章）

現代智慧型手機，例如我的多項研究中使用的手機，可以利用其內置感測器測量許多不同類型的社群網絡，包括通話的聯絡人名單、常在附近的人，以及移動習慣相同的人。每個網絡均可能使當事人接觸到新意念，因此也就提供了社會性學習的機會。

「朋友與家人」、「社群演化」和我們一些其他研究的實驗結果已證明，我們可以根據一個人與已採納某項行爲的同儕的接觸量，頗爲準確地估計他採納這項行爲的機率——至少就行動與結果看得見的行爲是這樣。但我們的下一個問題是，如何擴展影響模型，使它能夠處理每個模態中的不同影響參數，以便能預測多種接觸管道產生的行爲變化。

博士生潘巍與我和另一名博士生納德夫．阿哈龍尼合作，研擬出一個能更精準預測行爲變化的簡單計算模型。這個模型利用根據手機感測的不同網絡計算出來的複合網絡，另外也記錄行爲變化中的個人變異和外生因素。我們證明了在預測行爲變化時，考慮所有這些因素十分重要，最後看到行爲變化確實是可預測的。下列表述，源自我和幾位研究同儕在二〇一一年的相關發表。[12]

引言

我近來的研究專案已證明，社群網絡中的見識與個體的行爲變化，如體重變化、投票行爲等相關。[13]在此，我們希望擴展影響模型基於網絡的預測能力，以求能夠利用智慧型手機等感測器蒐集到的許多不同類型的網絡資料，更準確、更普遍地預測行爲變化。

因爲下列事實，大型社群網絡研究的既有工具，難以用來建立行爲變化的模型，也難以用來預測行爲變化：

1. 行爲變化底下的網絡，並非完全看得見。在這方面，我們的關鍵構想是，設法根據現代智慧型手機等感測器可輕易記錄的不同網絡的多個層面，推斷出一個最佳複合網絡，也就是預測行爲變化能力最強的網絡，而非假定某個網絡是解釋行爲變化的「眞正」社群網絡。
2. 行爲變化涉及外生因素。行爲變化的網絡分析往往假定，人們採納一項行爲的唯一機制，是行爲沿著觀察到的網絡傳播。實情當然並非如此，行爲變化也可能是大眾媒體或觀察不到的網絡所造成的。我們在這方面的一大貢獻，是證明了儘管存在這種隨意性，我們仍然可以研擬出有用的預測工具。

3. 個體在行爲變化上的差異可能非常顯著，以至於網絡效應根本不可能從相關資料中看出來。例如，有些人是早期採納者，有些人則是晚期採納者。

本節闡述了我們用來記錄網絡中行爲變化的模型。在下列段落中，G 代表圖 G 的相鄰矩陣，每一名使用者以 $u \in \{1,..., U\}$ 表示，每一項行爲以 $a \in \{1,..., A\}$ 表示。我們將二元隨機變量 x_u^a，定義爲採用某個應用程式的狀態：使用者 u 若採用 a，則 $x_u^a = 1$，否則是 $x_u^a = 0$。如前面一節提過，手機可以推斷的各種社群關係網絡以 $G^1,..., G^M$ 表示。我們的模型嘗試推斷出最佳複合網絡 G^{opt}，opt 代表「最佳」（optimal）之意，也就是所有潛在社群網絡中，預測能力最強的一個。圖 G^m 中的邊 $e_{i,j}$ 之權重以 $w_{i,j}^m$ 表示，G^{opt} 中的邊之權重則簡單地以 $w_{i,j}$ 表示。

我們的模型的一個基本概念是，其非負值累計假設，它將我們的模型與其他線性混合模型區分開來。我們將 G^{opt} 定義爲：

$$G^{opt} = \Sigma_m \alpha_m G^m$$

當中 $\forall m, \alpha_m \geq 0$。

這個非負值累計假設，背後的直覺如下：如果兩個節點由某類型的網絡聯繫起來，他們的行爲可能彼此相關，也可能並不相關；另一方面，如果兩個節點並未由某類型的網絡聯繫起來，則這種無聯繫狀態對他們的應用程式採用之相關性應無正面或負面影響。因此，$\alpha_1,\ldots,\alpha_M$ 是描述最佳複合網絡時，每一個潛在社群網絡的非負值權重。接著，我們界定網絡潛力 $p_a(i)$：

$$p_a(i)=\Sigma_{j\in N(i)}\ w_{i,j}x_J^a$$

當中節點 i 的鄰居定義爲：

$$N(i)=\{j\mid \exists\, m\ s.t.\ w_{i,j}^m\geq 0\}$$

潛力 $p_a(i)$ 也可以分解爲源自不同網絡的潛力，我們可以將 $p_a(i)$ 視爲 i 基於觀察複合網絡中的鄰居、展現一項新行爲的可能。最後，我們的條件機率定義如下：

$$Prob\left(x_u^a=1\mid x_{u^l}^a:u^l\in N(u)\right)=1-exp\left(-s_u-p_a(u)\right)$$

當中 $\forall u, s_u \geq 0$，s_u 記錄個體容易發生行爲變化的程度。我們使用指數函數，有下列兩個原因：

1. $f(x)=1-exp(-x)$ 的單調和凹特性，符合最近有關社會影響導致人類行爲變化的研究。這些研究顯示，隨著外部網絡訊號增加，行爲採納的機率也會增加，但增速逐漸放慢。[14]

2. 它在模型訓練的最大概似估計期間，形成一個凹優化（concave optimization）問題。

我們還必須處理外生因素，例如一項行爲的流行程度。我們可以這麼做：引進一個可輕易納入我們的複合網絡架構的虛擬圖 G^p，其建構方式是每一名實際用戶 u，均加一個虛擬節點 $u+1$ 和一條邊 $e_{u+1,u}$。每條邊的權重 $w_{u+1,u}$，是一個反映行爲流行程度的正數。

納入這些外生因素，能夠提高測量網絡效應的準確性，還有一個並不瑣碎的原因。例如，假設有個網絡有兩個節點，由一條邊連接起來，而兩個節點均展現一項行爲。如果這項行爲非常流行，則兩個節點均有這項行爲，可能不代表有強勁的網絡效應。相反，如果這項行爲非常罕見，兩個節點均有這項行爲，則意味著有強勁的網絡效應。因此，納入外生因素有助我們的演算法更精確校準網絡權重。

模型訓練

在模型訓練階段，我們希望估計 $\alpha_1,\ldots,\alpha_M$ 和 $s_1,\ldots,s_u$ 的最佳價值。

我們將它當作一個最佳化問題處理，設法找出所有條件機率的最大可能總和。這是一個凹性最佳化問題，因此我們一定可以得到全局最優結果，而且有能夠處理較大型資料集的高效演算法。

實驗結果

在預測手機應用程式採用情況的實驗中，這個方法的預測準確性，是利用人口統計數據的貝氏估計的五倍左右。[15]我們強調，我們的演算法並不處理網絡效應的因果問題；也就是說，我們並不嘗試了解網絡中的鄰居行爲相似的確切原因。那可能是因爲擴散（如我的鄰居告訴我）、類聚（如網絡中的鄰居有相同的興趣和性格），或是某個共同的第三原因。

社群網絡中的趨勢預測（第二章）

基於對社群網絡中接觸（exposure）的觀察，我們應該能夠計算一項新行爲出現在某些個體身上，然後傳播至其他個體的機率。這便是我稱爲意念流的現象，也就是新意念在一個網絡的傳播。

這種趨勢預測的主要困難之一，源自下列這項事實：「即將大流行的總體趨勢」的初步傳播階段，與其他類型的網絡形態頗爲相似。換句話說，當我們看到社群網絡中出現若干行爲變化時，很難預測其中哪些將成爲廣泛的趨勢、哪些很快就會消聲匿跡。

爲了處理這個問題，博士後學生雅尼福．亞舒勒與潘巍和我合作，建立了一種利用前述的複合影響模型框架來預測趨勢擴展的方法。[16] 我們以圖 G 代表社區或社群網絡，它由 U（社群成員）和 W（社群成員之間的社會聯繫）構成。我們以 n 代表網絡的規模，也就是 $|U|$。在這個網絡中，我們希望能預測某個觀察到的異常形態 a 的未來表現。注意，a 可以是某項網路新服務如 Groupon 的逐漸流行，或是一項行爲，例如參與替「九九%的大眾」爭取公義的運動。

請注意，對趨勢的接觸是可傳遞的；也就是說，展現趨勢的用戶產生接觸介質（exposure agents），這些介質可以沿著網絡中的社會聯繫，傳遞至暴露在趨勢中的用戶，而他們也可以將這些介質傳遞給他們的朋友，以此類推。因此，我們以一個網絡中隨機走動的介質之運動，代表一個趨勢的接觸互動。每一名暴露在趨勢 a 之中的用戶，平均產生 β 個這種介質。

我們假定，我們的網絡是一個無尺度網絡 $G(n, c, \gamma)$，或可用這網絡模擬，而這是一個有 n 名用戶的網絡，當中用戶 u 有 d 名鄰居的機率，遵循下列冪次法則：

$$P(d) \sim c \cdot d^{-\gamma}$$

這個模型證實可準確描述本書闡述的多數社群網絡；有趣的是，一些我們認爲並非呈現冪律分布的網絡（電話通話網絡），可用一種兩組件的模型描述：一個相對固定的外生決定的組件，以及一個相加的冪次法則組件。最近的研究檢視了影響透過社會聯繫傳遞的方式。在前述的複合影響模型中，我們檢驗網絡用戶接觸已安裝應用程式的朋友後將安裝那些程式的機率。對用戶 u 來說，描述這項行爲的最佳模型是：

$$P_{Local-Adopt}(a, u, t, \Delta t) = 1 - exp\{-(s_v + p_a(u))\}$$

s_u 和 $w_{u,v}$ 的定義，以及獲得其數值的方法，與前面有關行爲採納的段落相同。對每一名成員 $u \in U$ 而言，$s_u \geq 0$ 記錄這名成員個人容易受影響的程度，無論我們談的是什麼具體行爲或趨勢。$p_a(u)$ 代表用戶 u 有關趨勢 a 的網絡潛力，其定義爲用戶 u 與向他展現趨勢 a 的朋友的任何網絡皆可的社會權重（network agnostic social weights）之總和。也請注意，兩個屬性均是任何趨勢皆可的（trend agnostic）。不過，雖然每一名用戶皆會估算一次 s_u，而且它是任何網絡皆可的，$p_a(u)$ 則會提供特定網絡的資訊，而且我們可以用它來決定首波活動的目標網絡成員的身分。我們可以根據 $p_{Local-Adopt}$ 計算 p_{Trend} 的估計值，如亞舒勒和我的相關發表所述，我將 p_{Trend} 稱為意念流。[17]我們以數個全面的資料集，驗證我們的模型的準確性和預測能力，包括研究一個年輕家庭小社群社交面向的「朋友與家人」資料集，以及 eToro 資料集——一個由一六〇萬名用戶構成的交易社群的金融交易資料。如後續段落所述，同一個框架也被用來替企業和整個城市的意念流建立模型，以及將意念流與生產力和 GDP 聯繫起來。

企業與城市中的意念流（第六、九章）

利用社會計量識別牌，我們可以測量企業之中的互動；利用智慧型手機，我們可以替城市中的社會聯繫密度建立一個良好的模型。藉由結合源自行為傳播，如應用程式採用或購買形態等具體例子的參數和相關網絡拓撲，我們能替這些社群網絡中的意念流動方式建立量化模型。如此一來，我們便能模擬新意念轉化為新行為、在網絡中普及的過程。

為了完成這個數學模擬任務，我們必須記得人類有快思和慢想這兩種思考方式——參見第三章和附錄三。因此，人們有兩種學習方式。

在慢想模式中，當事人接觸新意念或新資訊一次，往往便足以改變行為。這種「簡單傳染」模式的例子之一，是新事實（那條路正在施工）或傳聞（「她做了那樣的事？」）的傳播。疾病在一群人當中的傳播，也往往遵循這種模式。一如傳染病，有感染力的意念，會沿著社會聯繫散播。這個現象可用社群網絡影響模型中的連串狀態變遷來模擬。

不過，我們知道，我們有很多行爲是受快思習慣主導。因此，簡單傳染模式不能解釋許多慣常行爲的變化。在快思模式下，我們通常需要接觸其他人採納新行爲並因此成功的數個事例，才會願意親自嘗試。我們採納習慣性快思行爲的過程，比較適合以「複雜傳染」模式描述。

在第三章中，人們採用社群網絡新技術和新手機應用程式的情況，正是這樣。社群中的見識驅動諸如飲食習慣和政治觀點改變的方式，也正是這樣。這個現象可用社群網絡影響模型中的連串狀態變遷來模擬，但網絡參數會調整以配合這種較保守的意念流類型。

爲了將資訊和沿著社會聯繫的意念流聯繫起來以改變行爲，我們必須兼顧快思和慢想。在數學上，這意味著我們必須檢驗兩個不同的影響模型：其中一個是簡單傳染模式，接觸意念一次便足以促成行爲轉變；另一個是複雜傳染模式，當事人必須多次接觸同一個意念才會採納新行爲。

這兩個模型有不同的 p_{Trend} 數值，那是我們的意念流指標，可預測一個意念傳遍一個社群的可能性。但這兩個模型只有一項眞正的差異：在行爲變化發生前，當事人短時間內必須接觸的正面例子的數目有所不同。因此，就長時間內一再被引進社群網絡的意念而言，兩個模型產生的行爲變化傳播形態頗爲相似。這兩者的重大差別，在於新行爲在複雜模型中的傳播速度慢得多，而且行為變化往往不會擴散至聯繫稀疏的社群網絡邊界。就許多應用而言，例如建立GDP模型等，簡單與複雜傳染模型的速度差異並不是問題，因為我們是在比較穩定狀態。

社會壓力（第四章）

在較大規模的社會中，自利個體的彼此合作，是一個關鍵但極難達成的目標。[18]現代社會最重要的一些問題，例如污染、全球暖化，以及醫療和保險成本與日俱增等，是我們無法達致大規模合作所造成的。

「公地悲劇」（tragedy of the commons），是指許多個體出於自身利益考量而理性行動，最終將一項共有資源消耗殆盡，導致所有人的利益均受損。[19]這種悲劇的起因，在於個體不合作的負外部性（negative externality）均由社會整體承受，但利益則完全歸個體所有。

科學文獻顯示，在地同儕之間的合作，遠比無名個體之間的合作容易。[20]如果某個體不合作僅影響其同儕，則不僅其同儕將因此承受一種負外部性，該個體也會造成一種社會成本。同儕達致彼此合作的手段之一，是利用高代價的同儕壓力。[21]

面對大規模社會中的合作問題，傳統的解決方案是利用配額和賦稅/補貼。配額強制限制負外部性的產生，而庇古稅（Pigouvian tax）或補貼，則是較為市場導向的手段。[22]補貼優於課稅，原因有兩個：(a)補貼提供正面回饋，效果較佳；(b)在自由社會中，因爲個體不合作，例如不願意維持健康的生活方式，而課稅的公共政策較難制定。[23]補貼的效果類似庇古稅，能促使個體將其行爲產生的外部性內部化。

這些政策實際上是向社會中所有人課稅，然後藉由補貼將稅收重新分配出去以促成合作。補貼可能必須動用大筆預算，而這種重新分配也可能涉及不少的行政費用。這種政策的社會效果並不理想，問題有兩個：(a)因爲高昂的交易費用，羅納德·寇斯（Ronald Coase）的理論在此失靈，簡單的再分配因此未能達致符合帕雷托效率（Pareto-efficient）的結果；[24](b)這些政策假定社會由獨立的個體構成，因此漠視個人決定受同儕互動影響的事實。也就是說，外部性的標準模型，並不考慮社會中的同儕互動。

安克·曼尼在做他的博士研究時，與我和阿拉伯聯合大公國馬斯達爾理工學院的伊亞德·拉萬合作，將同儕間的互動引入公地悲劇問題中，提出一個外部性和同儕互動做爲同儕壓力的新聯合模型。[25]我們爲網絡社會（networked society）提出一個新模型，並爲政策制定者提供一套處理外部性問題的新機制。

這些機制適用於具有下列特徵的網絡社會：外部性是全局的，但互動是在地的。我們並非藉由庇古稅或補貼使個體將外部性內部化，而是將外部性「在地化」至個體在社群網絡中的同儕，因而利用同儕壓力的作用。當外部性在地化時，合作在地達成，全局合作也因此得以達致。換句話說，社群機制（藉由課稅或補貼）鼓勵同儕對個體施加（正面或負面）壓力，藉此減少負外部性（或增加正外部性）。

我們已證明，在某些非常普遍的情況下，這種做法能以低於庇古補貼的預算，達到符合社會效率的較佳結果。

我們的主要見解是：如果我們以當事人的同儕爲著力對象，則同儕壓力可以放大獎勵目標個體的理想效果。庇古政策是以造成外部性的個體爲焦點，而我們的機制則是以這些個體在社群網絡中的同儕爲目標。其構想是鼓勵行爲者 A 的同儕，對 A 施加（正面或負面的）壓力。

我們的機制可用下列這兩個問題概括：如果我們獎勵行爲者 A 的同儕，能夠鼓勵他們對 A 施加更多壓力，以求減少負外部性嗎？相對於庇古政策，我們的政策是否有效率？

藉由以當事人的同儕爲著力對象，同儕壓力可以放大獎勵目標個體的理想效果。也就是說，在特定情況下，相同的補貼預算，可藉由同儕壓力減少更多負外部性。

我們研究了一個外部性和社群網絡中同儕壓力的聯合策略模型；在這個模型中，行爲者的行動會對整個網絡造成外部性，而且會對同儕施加高代價的同儕壓力。這個模型與安東尼·卡爾沃·阿門歌爾（Antoni Calvó-Armengol）和馬修·傑克森（Matthew Jackson）的構想密切相關。[26]

結果顯示，在這個賽局的均衡狀態，只有感受到最大外部性的同儕會施加壓力。此外，在所有均衡狀態中，網絡中所有個體感受到的壓力均相同。結果是，社會剩餘（social surplus）有所改善，但可能不是理想狀態。

在獲得這些有關特性的結果後，我們接著探索如何基於社群網絡結構相關資料，利用審慎設計的社群機制達致最佳社會剩餘。我們能夠證明，社群機制能以低於庇古機制的預算和總成本，達致最佳結果。

社群機制較佳，主要有兩個原因：(1)當所有外部性均在庇古機制中被內部化後，不會有同儕壓力施加在產生外部性的行爲者身上，因此需要額外的補貼；(2)當施加同儕壓力的邊際成本，低於整個社會承受的邊際外部性乘以對同儕壓力的邊際反應時，社群機制中的補貼效應將會放大。補貼效應會隨著同儕間關係的強度增加，與施加同儕壓力的成本則成反比。

我們預期，此類機制有兩方面的應用：(1)旨在減少全球外部性如污染的公共政策；(2)會產生網絡外部性產品收入的最大化，此類產品的例子有協作式搜尋引擎（collaborative search engines）和社群推薦等。

外部性與同儕壓力

在這個新模型中，行爲者有能力對社群網絡中的同儕施加壓力。網絡 p 中所有行爲者 x 的效用 U 由下列項目界定：個別效用 u_i，其他個體施加在 i 身上的外部性之成本 v_i，鄰居對個體 x_i 施加同儕壓力的成本 c，社群網絡誘因 r_{ji}，行爲者 i 施加在同儕 j 身上的同儕壓力 p_{ij}。請注意，如果 i 和 j 並非社群網絡中的同儕，則 $p_{ij}=0$。

$$U_i(x, \mathrm{p}) = u_i(x_i) - V_i\left(\sum_{j\neq 1} x_j\right) - x_i \sum_{j\in \mathrm{Nbr}(i)} p_{ji} - c_i \sum_{j\in \mathrm{Nbr}(i)} p_{ji} + \sum_{j\in \mathrm{Nbr}(i)} r_{ji}(x_j)$$

我們假定，u 是嚴格凹（strictly concave），v 是嚴格凸（strictly convex），而且是遞增的。採用影響模型的說法，誘因是改變整個社群網絡狀態演化的邊界條件。社群網絡誘因 r_{ji} 達到的效果，是導致行爲者 i 選擇改變其狀態轉變機率，使自己較可能進入某些狀態，以便促使相鄰的行爲者 j 採納理想行爲。也就是說，社群誘因鼓勵行爲者 i，對行爲者 j 施加社會壓力。

社群網絡機制（獎勵同儕）

如稍早所述，社群機制根據同儕的行爲獎勵個體，等同補助他們施加同儕壓力的成本。要創造社群機制，獎勵結構有很多種可能。我們此處討論的設計，是當行爲者 j 出現行爲 x_j 時，其同儕 i 獲得獎勵。

這種社群獎勵的適當分配方法會是怎樣？我們會希望找到一個具有下列屬性的獎勵函數：

1. 獎勵必須簡單。我們會考慮邊際獎勵不變的獎勵函數，也就是仿射獎勵函數（affine reward functions）。
2. 賽局必須有一個子賽局完全均衡狀態。
3. 均衡行爲必須是最優的。
4. 一名行爲者出現縮減行爲（reduced action），每一名同儕均獲得獎勵。
5. 在符合前述條件的獎勵函數中，選擇獎勵預算最低的一個。

結果，一個相當簡單的獎勵函數，便能滿足前述條件。改變這五項條件，可能會產生不同的獎勵函數。請注意，這種獎勵有兩部分，一部分取決於消費者，另一部分取決於鄰居。

總結

本附錄簡單闡述本書各章應用的數學，對這些議題眞正有興趣的讀者，當然應該研究原始資料。此外，本附錄無意提出社會物理學的數學「權威版本」，雖然這種替社群網絡現象建立模型的資料導向方法，已證實是相當準確和可靠。我確信，未來將有人提出更好的構想。

重點在於，人類行爲習慣藉由社會性學習傳播的現象，可以利用異質、動態和隨機的網絡，根據可輕易觀察的行爲建立準確的模型。這種能力對增進我們有關人類社會動態的知識有重大意義，因此對我們規劃未來的能力大有幫助。

注釋

1 從意念到行動

1 A. Smith 2009.

2 換個比較技術性的說法，我們該是考慮動態而非只是均衡、網絡而非只是集中市場的時候了。此外，我們必須一併考慮社會影響和理性，視效用為一個向量，如健康、好奇心和地位等，而非只有大小的純量。

3 Zipf 1949.

4 Zipf 1946.

5 Snijders 2001; Krackhardt and Hanson 1993; Macy and Willer 2002; Burt 1992; Uzzi 1997; White 2002.

6 Kleinberg 2013; Barabási 2002; Monge and Contractor 2003; Gonzalez et al. 2008; Onnela et al. 2007, 2011.

7 Centola 2010; Lazer and Friedman 2007; Aral et al. 2009; Eagle et al. 2010; Pentland 2008.

8 Marr 1982.

9 Pentland 2012c, 2013a.

10 Lazer et al. 2009.

11 Barker 1968; Dawber 1980.

12 這些實地實驗室定期做數十項標準的心理學、社會學和健康相關調查，通常是透過網路進行。此外，還有透過智慧型手機執行的較短、較頻密的問卷調查。

13 Aharony et al. 2011.

14 Madan et al. 2012.

15 Eagle and Pentland 2006.

16 Pentland 2012b.

17 實驗參與者獲得知情同意的保護，可以隨時選擇退出。同時，獲得保證所有個人資料會以安全方式處理，而且參與實驗可獲得金錢補償。

18 Pentland 2009.

19 二〇一一年世界經濟論壇。〈個人資料：一個新資產類別的興起〉（"Personal Data: The Emergence of a New Asset Class"），見 www3.weforum.org/docs/WEF_ITTC_PersonalDataNewAsset_Report_2011.pdf。

20 除了實驗規模偏小外，社會科學幾乎全都以來自西方（western）、教育良好（educated）、國際化

（international）、富裕（rich）與民主（democratic）社會的人爲基礎。換句話說，社會科學只適用於WEIRD 社會，weird 是怪異之意，爲前述五個英文單字的首字母縮略字（Henrich et al. 2010）。

21 Kahneman 2011.

2 探索

1 Beahm, George, ed. *I, Steve: Steve Jobs in His Own Words* (Chicago: Agate B2), 2011.

2 Papert and Harel 1991.

3 Buchanan 2007.

4 Conradt and Roper 2005.

5 Surowiecki 2004.

6 Dall et al. 2005.

7 Lorenz et al. 2011.

8 Dall et al. 2005; Danchin et al. 2004.

9 King et al. 2012.

10 Hong and Page 2004; Krause et al. 2011.

11 Altshuler et al. 2012; Pan, Altshuler, and Pentland 2012. eToro（www.etoro.com）是一家以低廉手續費吸引散戶的外匯和大宗商品交易網路經紀公司，提供容易使用的買入、賣空和融資交易服務。eToro 使金融交易變得方便、有趣，因爲任何用戶只需要數美元便可做多或做空。這種交易很像玩彩券，但用戶是與眞實的金融市場，而非彩券電腦競爭。雖然 eToro 在我們研究時有三百萬名客戶，但我們必須記住：eToro 在外匯市場只是個小角色，其用戶並不能造成市場的升跌。

12 拜精密的數學分析所賜，我們得以計算意念流動率。意念流動率是一個新策略進入社群網絡後，某比例的用戶（以機率分布表示）將採用該策略的可能性。這項關鍵指標考慮到社群網絡結構、各人之間的社會影響強度，以及個人有多容易受到新想法的影響。有關意念流動率的計算方法，有興趣的讀者可參考本書的附錄四〈數學〉。

13 剔除非社群交易者的投資報酬使縱軸變得市場中性，因爲非社群交易者的表現是市場中性的。

14 同一數値的意念流動率可產生大小不一的多個投資報酬率，這是因爲每天的資產類別比例均可能不同。每個資產類別有稍微不同的最佳意念流動率，這種差異可解釋同一意念流動率下投資報酬率的大部分差異。

15 Yamamoto et al. 2013; Sueur et al. 2012.

16 Farrell 2011.

17 Lazer and Friedman 2007.

18 Glinton et al. 2010; Anghel et al. 2004.

19 在這種網絡中，一名用戶有 d 位追隨者的機率爲 $Prob(d) \sim d^{-\gamma}$。

20 Shmueli et al. 2013. 也就是說，改變聯繫的變化幅度差異很大。

21 在第四章，我們將看到「感染」與行爲改變的另一項關鍵差異。雖然經心、自覺的信念（「那家店早上八點開門」），可以靠一句話便傳給別人，但人們通常需要短時間內數個模範的範例，才能以新的行爲代替習慣性、基本上不自覺的行爲（如使用現金而非信用卡）。第一種行爲改變是所謂的「簡單傳染」（simple contagion），第二種是所謂的「複雜傳染」（complex contagion）。這兩種行爲改變在網絡中的蔓延方式非常相似，但複雜傳染的蔓延慢得多，而且往往需要一個密集聯繫的局部網絡，以便一個意念進入個人最緊密往來的社群網絡時，該意念在短時間內能多次呈現在當事人眼前。見 Watts and Dodds 2007; Centola 2010; Centola and Macy 2007。

22 Kelly 1999.

23 Choudhury and Pentland 2004.

24 用術語來說，個人若在對話輪替（conversational turn taking）中有較大的影響力，在社群網絡中也有較高的居間中心性（betweenness centrality）。兩者有極強的關係，r^2爲〇．九。

25 Pan, Altshuler, and Pentland 2012; Saavedraa et al. 2011.

26 *Financial Times*, April 18, 2013.

27 一次考慮超過一項策略是很重要的，因爲隨著環境改變，舊策略將不再有效，有用的將是新策略。因此，你應該奉行的，其實不是向來最成功的策略，而是接下來將是最成功的策略。因爲未來很難預測，社會性學習的多元化是很重要的。

3 意念流

1 Bandura 1977.

2 Meltzoff 1988.

3 猩猩的「文化」，可能就像與世隔絕的村莊和部落那種停滯的文化；在這種文化中，意念是在封閉的群體中流動，社群行爲因此保持僵化和缺乏創造力的狀態。

4 「社群演化」實驗有若干數據需要顯著的事後處理，例如如果你的手機感測到我，但我的手機並未感測到你，我們會標明兩支手機彼此接近。同樣道理，如果兩支手機均感測到某個 WiFi 熱點，我們會標明它們是在同一個區域。「朋友和家人」實驗的感測功能較佳，數據不需要這種事後處理。詳情請見 realitycommons.media.mit.edu。

5 Christakis and Fowler 2007.

6 Madan et al. 2012.

7 我在本章談到健康習慣、政治觀點、應用程式的採用，以及音樂下載等情況，它們全都呈現類似機制和影響程度。在下一章，我將談到控制意念流以改變健康習慣和消費者、投票及辦公室行爲（數位社群網絡的使用）。

8 社會影響是活躍、富爭議的研究領域（Aral et al. 2009）。本章提到的健康習慣、政治觀點和應用程式採用的研究比多數研究有力，因爲：⑴相關效應看來主要是社會性學習而非社會壓力。關係有力者（如朋友）的行爲並無顯著影響，接觸關係薄弱的泛泛之交卻有強勁的影響；(2)我們有連續的測量數據而非單一時點的「快照」，因此能判斷相關時點是否支持因果關係；和(3)我們掌握量化、連續的有關「接觸」的數據，而非只是有關社會關係的二元指標。最後，我們的現實世界結果與戴蒙．森托拉（Damon Centola, Centola 2010）等人的線上實驗十分相似，後者的實驗條件可以精確地控制。

9 Madan et al. 2011.

10 但這只是短暫現象，在政治辯論之後，一切很快恢復常態。

11 Aharony et al. 2011.

12 Pan et al. 2011a.

13 Krumme et al. 2012; Tran et al. 2011.

14 Salganik et al. 2006.

15 Rendell et al. 2010.

16 Lazer and Friedman 2007; Glinton et al. 2010; Anghel et al. 2004; Yamamoto et al. 2013; Sueur et al. 2012; Farrell 2011.

17 Simon 1978; Kahneman 2002.

18 Kahneman 2011.

19 Hassin et al. 2005.

20 Rand et al. 2009; Fudenberg et al. 2012.

21 Haidt 2010.

22 Brennan and Lo 2011.

23 Hassin et al. 2005.

4 參與

1 Stewart and Harcourt 1994.

2 Boinski and Campbell 1995.

3 Conradt and Roper 2005; Couzin et al. 2005; Couzin 2007.

4 Kelly 1999.

5 Cohen et al. 2010.

6 Calvó-Armengol and Jackson 2010.

7 Kandel and Lazear 1992.

8 Breza 2012.

9 Nowak 2006.

10 Rand et al. 2009; Fehr and Gachter 2002.

11 Pink 2009; Gneezy et al. 2011.

12 Mani, Rahwan, and Pentland 2013.

13 也就是每一美元的誘因，平均可產生接近四倍的行爲轉變。

14 這三種情況下每單位行爲改變的邊際成本，更令人印象深刻：

個人誘因：八十三美元

社群誘因整體情況：三十九．五美元

互動密切的夥伴：十二美元

活動量平均升幅的情況，也令人印象深刻：

個人誘因：三．二%

社群誘因整體情況：五．五%

互動密切的夥伴：一〇．四%。

15 Adjodah and Pentland 2013.

16 只計算面對面交談和電話通話的次數，不包括間接互動，如在無意中聽到或看到其他人的行爲。

17 行爲改變程度與電話通話次數的相關性爲 $r^2 > 0.8$；若是計算全部的直接互動，則是 $r^2 > 0.9$。

18 我們問社群中每一對人有關信任的問題，如他們會請對方臨時照顧自己的小孩嗎？是否會借錢給對方？是否會將自己的汽車借給對方？我們計算他們答「會」的次數，稱其爲他們的信任分數。博士後研究生史梅利、辛格和我，比較他們的信任分數和他們彼此間的直接互動次數，發現直接互動次數可意外準確預測他們的信任分數。如果只計算電話通話次數，$r^2 > 0.8$；如果計算全部的直接互動，則是 $r^2 > 0.9$。

19 Mani et al. 2012.

20 Mani, Loock, Rahwan, and Pentland 2013.

21 De Montjoye et al. 2013.

22 Smith 2009.

23 Lim et al. 2007.

24 Nowak 2006; Rand et al. 2009; Fehr and Gachter 2002.

25 Buchanan 2007.

26 Stewart and Harcourt 1994; Boinski and Campbell 1995.

27 Zimbardo 2007; Milgram 1974b.

28 Pentland 2008; Olguín et al. 2009; Pentland 2012b.

29 Dong and Pentland 2007; Pan, Dong, Cebrian, Kim, Fowler, and Pentland 2012.

30 Castellano et al. 2009; Gomez-Rodriguez et al. 2010.

31 Dong et al. 2007; Pan, Dong, Cebrian, Kim, Fowler, and Pentland 2012.

5 集體智慧

1 Woolley et al. 2010.

2 Pentland 2011.

3 Dong et al. 2009; Dong et al. 2012; Pentland 2008.

4 Pentland 2010a; Cebrian et al. 2010.

5 Olguín et al. 2009；亦見 www.sociometricsolutions.com。

6 Pentland 2012b. 這篇文章榮獲《哈佛商業評論》的麥肯錫獎和管理學會的「實踐獎」（Practitioner Award）。

7 Wu et al. 2008.

8 Couzin 2009.

9 Ancona et al. 2002.

10 Olguín et al. 2009.

11 Eagle and Pentland 2006.

12 Dong and Pentland 2007.

13 Amabile et al. 1996.

14 Tripathi 2011; Tripathi and Burleson 2012.

15 Hassin et al. 2005.

16 這也稱爲「網絡拘束」。

17 Pentland 2012b.

6 塑造組織

1 Pentland 2012b.

2 我希望到這裡各位已經理解，每次互動或接觸都是一個學習機會，而我們的實驗結果顯示出個人之間有效的意念流，如採納一項新行爲的機率是互動和接觸次數的平滑遞增函數（smooth increasing function）。值得注意的是，這與社會學先驅羅納德·伯特的研究發現是一致的；伯特主要關注網絡拓撲（network topology）和溝通頻率。如果你是認知科學家，你很可能會對這項見解——接觸與意念採納之間的關係就是這麼簡單——感到不安。不過，那是數據分析的結果：統計上是有一個我們可以輕易計算出來、相當一致的採納速度。但是請注意，不同的意念有不同的傳播特性，不同的交流管道有不同的影響特性，而個人易受影響的程度也各有不同。如果你是一名電腦科學家，你可能會擔心接觸（鄰近）與交流被混爲一談了；但我一直小心明確區分兩者。此外，請參考 Wyatt et al. 2011，他們在該論文中檢視「鄰近」（proximity）與交談可能性的關係。該論文雖然清楚說明兩者的不同現象，但如果我們觀察某個群體所有成員一週或更長的時間，則交談頻率與成員彼此接近的頻率顯然是高度相關的。進一步資料請參考本書第四章、附錄三〈快思慢想與自由意志〉和附錄四〈數學〉。

3 Burt 2004.

4 Kim et al. 2008; Kim 2011.

5 群體開會時，如果人人都貢獻想法，並且回應其他人的想法，則我們會說參與程度很高。反之，如果總是同一個人回應某個人的話，則參與情況並不好。

6 在這些實驗中，信任程度是藉由典型的公共財遊戲來測量。

7 Kim 2011.

8 見“Sensible Organization: Inspired by Social Sensor Technologies”，網址爲 hd.media.mit.edu/tech-reports/TR-602.pdf。

9 Wellman 2001.

10 Pentland 2012b；亦請參考 www.sociometricsolutions.com。

11 Chen et al. 2003; Chen et al. 2004.

12 Prelec 2004.

13 用更專業一點的術語來說，是追蹤人際間的條件機率。這可以應用本書附錄四〈數學〉的「影響模型」來做。

14 我們已證明這些是因果關係，見 Kim 2011。

15 Pentland 2010b.

16 Choudhury and Pentland 2003, 2004.

7 組織變革

1 Pickard et al. 2011.
2 Rutherford et al. 2013.
3 見 archive.darpa.mil/networkchallenge。
4 Nagar 2012.
5 Olguín et al. 2009.
6 Waber 2013.
7 Wellman 2001.
8 Putnam 1995.
9 Pentland 2008.
10 Buchanan 2009.
11 Lepri et al. 2009; Dong et al. 2007.
12 Curhan and Pentland 2007.
13 Choudhury and Pentland 2004.
14 Barsade 2002.

15 Iacoboni and Mazziotta 2007.

8 感測城市

1 Pentland 2012a.
2 見 www.sensenetworks.com。
3 Eagle and Pentland 2006.
4 Dong and Pentland 2009.
5 Berlingerio et al. 2013.
6 Smith, Mashadi, and Capra 2013.
7 Schneider 2010.
8 Madan et al. 2010; Madan et al. 2012; Dong et al. 2012.
9 見 www.ginger.io。
10 Dong et al. 2012; Pentland et al. 2009.
11 Dong et al. 2012.
12 Lima et al. 2013; Pentland et al. 2009.
13 Mani, Loock, Rahwan, and Pentland 2013.
14 Pentland 2012a.

15 Lima et al. 2013; Smith, Mashadi, and Capra 2013; Berlingerio et al. 2013; Pentland et al. 2009; Pentland 2012a.

9 城市科學

1 Crane and Kinzig 2005.

2 Glaeser et al. 2000.

3 Smith 1937.

4 Milgram 1974a; Becker et al. 1999; Krugman 1993; Fujita et al. 1999; Bettencourt et al. 2007; Bettencourt and West 2010.

5 Audretsch and Feldman 1996; Jaffe et al. 1993; Anselin et al. 1997.

6 Arbesman et al. 2009; Leskovec et al. 2009; Expert et al. 2011; Onnela et al. 2011; Mucha et al. 2010.

7 Pan et al. 2013.

8 Krugman 1993.

9 Wirth 1938; Hägerstrand 1952, 1957; Florida 2002, 2005, 2007.

10 Liben-Nowell et al. 2005.

11 這種關係頻率的平滑下跌函數，看來是面對面互動的自然結果，但除此之外，所有關係中有約五分之二與距離無關，而且很可能是源自網路上的介紹。由此看來，數位交流正改變社會聯繫與城市生產力／創造力之間的關係。但是，我們必須記住，就改變習慣而言，面對面社會聯繫遠比數位聯繫重要；這意味著我們的探索活動或許將會愈來愈多，但行爲變化僅會緩慢增加。

12 Nguyen and Szymanski 2012.

13 Pj = 1/rank(j)，建立社會聯繫的機率，基本上是與介入的他人數目成反比。

14 美國疾病管制局，見 www.cdc.gov/hiv/topics/surveillance/index.htm。

15 Calabrese et al. 2011.

16 Krumme 2012.

17 Krumme et al. 2013.

18 這就是「齊夫定律」（Zipf's law），以在其他社會現象中發現這個規律的學者命名。

19 Pan et al. 2011b.

20 Frijters et al. 2004; Paridon et al. 2006; Clydesdale 1997; Pong and Ju 2000.

21 我以根據ＧＤＰ計算出來的最適（best-fit）最大互動半徑的一半爲平均通勤距離。

22 Smith, Mashadi, and Capra 2013; Smith, Quercia, and Capra 2013.

23 一如生產力提升，犯罪案增加看來是創新的結果之一。

24 Jacobs 1961.

25 我假設有六個主要同儕群體：男性與女性兩大群體，每個群體再分年輕人、家長和老人三個子群體。每個同儕群體的人數上限，是鄧巴數字（Dunbar Number）一五〇的平方值，那是朋友的朋友的最大數目。

26 站在批判的角度，我們所講的是創造社會支持很強，但變化緩慢的地方。我會認爲這有助保護兒童和家庭，免受快速、有害變化的衝擊——在眼下正興起的高度連結世界，這種變化是愈來愈大的眞實危險。當然，一定會有人不同意我的看法，認爲社會變遷最好能夠快一些。

27 Burt 1992; Granovetter 1973, 2005; Eagle et al. 2010; Wu et al. 2008; Allen 2003; Reagans and Zuckerman 2001.

28 Eagle and Pentland 2009; Wu et al. 2008; Pentland 2008.

29 Kim et al. 2011.

30 Singh et al. in preparation.

10 資料導向的社會

1 二〇一一年世界經濟論壇〈個人資料：一個新資產類別之興起〉，見 www3.weforum.org/docs/WEF_ITTC_PersonalDataNewAsset_Report_2011.pdf。

2 Pentland 2009.

3 Ostrom 1990.

4 De Soto and Cheneval 2006.

5 Pentland 2009.

6 二〇一一年世界經濟論壇，〈個人資料：一個新資產類別之興起〉，見 www3.weforum.org/docs/WEF_ITTC_PersonalDataNewAsset_Report_2011.pdf。

7 見 www.idcubed.org。

8 De Montjoye et al. 2012.

9 Smith, Mashadi, and Capra 2013; Bucicovschi et al. 2013.

10 De Montjoye et al. 2012.

11 爲和諧而設計

1 Smith 2009.

2 Nowak 2006; Rand et al. 2009; Ostrom 1990; Putnam 1995.

3 Weber 1946.

4 Marx 1867.

5 Acemoglu et al. 2012.

6 國際經濟也有類似的受限網絡結構，見 Hidalgo et al. 2007。

7 Salamone 1997; Lee 1988; Gray 2009; Thomas 2006.

8 Mani et al. 2010.

9 出現局部社會效率，是因爲每一位網絡參與者，都在他們有聯繫的部分網絡中找到最佳交換；例如，他們會尋找「帕雷托最適」交換（Pareto optimal exchange）。這必然會產生一種受網絡拓撲形態限制的社會理想狀態（social optimality），趨同證據見 Mani et al. 2010。

10 亦見 Bouchaud and Mezard 2000。

11 類似結果亦見 Grund et al. 2013, and Helbing et al. 2011。

12 就人的結盟而言，公平交換網絡也是穩定的。當一個同儕團體（如銀行界人士），就如何與其他人（如律師）往來發展出一種社會規範，而他們的共同習慣使他們得以一致行動時，這種結盟便產生。即使各種同儕團體協調彼此的行爲，網絡社會仍然可以是穩定和公平的，因爲這種結盟可由與之往來的同儕團隊的共同習慣制衡。在數學上，這意味著交換網絡包含由同儕團體而非個人構成的「超級節點」（super nodes），但這不會摧毀社會的公平和互信特質。

13 Lim et al. 2007.

14 Dunbar 1992.

15 也就是當多數人已滿足其效用函數時。

16 資訊是可能產生意念的東西，也是我們的信念的一個重要源頭。

17 見 www.swift.com。

18 Rand et al. 2009; Sigmund et al. 2010.

19 Smith, Mashadi, and Capra 2013.

20 Eagle et al. 2010.

21 Bucicovschi et al. 2013.

22 Berlingerio et al. 2013.

23 Lima et al. 2013.

附錄 1 現實探勘

1 Lazer et al. 2009.

附錄 2 開放式個人資料儲存

1 二〇一一年世界經濟論壇，〈個人資料：一個新資產類別之興起〉，見 www3.weforum.org/docs/WEF_ITTC_PersonalDataNewAsset_Report_2011.pdf。

2 見 idcubed.org。

3 De Montjoye et al. 2012.

4 Pentland 2009.

5 NSTIC，「網路空間可信身分國家策略」倡議，見 www.nist.gov/nstic。

6 網路空間國際策略，見 www.whitehouse.gov/sites/default/files/rss_viewer/international_strategy_for_cyberspace.pdf。

7「歐盟執委會提議全面改革資料保護規則，以增強用戶對自身資料的控管和降低企業的成本」，見 europa.eu/rapid/press-release_IP-12-46_en.htm。

8 二〇一一年世界經濟論壇，〈個人資料：一個新資產類別之興起〉，見 www3.weforum.org/docs/WEF_ITTC_PersonalDataNewAsset_Report_2011.pdf。

9「大數據是否已令匿名變得不可能？」，見 www.technologyreview.com/news/514351/has-big-data-made-anonymity-impossible。

10 Sweeney 2002.

11 Schwartz 2003; Butler 2007；「你的應用程式正在監視你」，見 online.wsj.com/article/SB10001424052748704694004576020083703574602.html。

12 Blumberg and Eckersley 2009.

13 見 www.darpa.mil/Our_Work/I2O/Programs/Detection_and_Computational_Analysis_of_Psychological_Signals_(DCAPS).aspx。

附錄 3 快思慢想與自由意志

1 Kahneman 2002; Simon 1978.

2 Centola 2010; Centola and Macy 2007.

3 慢想的效果，遠不如我們希望相信的那麼好。舉例來說，菲力浦・泰特洛克（Philip Tetlock）在二〇〇五年便證明，即使在其專長領域中，世界級專家預測事物的準確性，並不比隨便預測要好多少。

4 Dijksterhuis 2004.

5 Hassin et al. 2005.

6 Kahneman 2011.

7 Lévi-Strauss 1955; Marx 1867; Smith 1937; Sartre 1943; Arrow 1987.

8 Kahneman 2002, 2011; Hassin et al. 2005; Pentland 2008; Simon 1978; Bandura 1977.

附錄 4 數學

1 Dong and Pentland 2007.

2 Pan, Dong, Cebrian, Kim, Fowler, and Pentland 2012.

3 Granovetter and Soong 1983.

4 Aral et al. 2009.

5 Gomez-Rodriguez et al. 2010; Myers and Leskovec 2010.

6 Dong and Pentland 2007.

7 Lepri et al. 2009.

8 Dong and Pentland 2009.

9 Dong et al. 2012.

10 Pan, Dong, Cebrian, Kim, Fowler, and Pentland 2012.

11 同前。

12 Pan et al. 2011a.

13 Christakis and Fowler 2007.

14 Centola 2010.

15 Pan et al. 2011a.

16 Altshuler et al. 2012.

17 同前。

18 Dietz et al. 2003.

19 Hardin 1968.

20 Baumol 1972.

21 Calvó-Armengol and Jackson 2010.

22 Baumol 1972; Slemrod 1990.

23 Nowak 2006.

24 Coase 1960.

25 Mani, Rahwan, and Pentland 2013.

26 Calvó-Armengol and Jackson 2010.

參考書目

Acemoglu, D., V. Carvalho, A. Ozdaglar, and A. Tahbaz-Salehi. 2012. "The Network Origins of Aggregate Fluctuations." *Econometrica* 80 (5): 1977–2016.

Adjodah, D., and A. Pentland. 2013. "Understanding Social Influence Using Network Analysis and Machine Learning." *NetSci Conference*, Copenhagen, Denmark, June 5–6.

Aharony, N., W. Pan, I. Cory, I. Khayal, and A. Pentland. 2011. "Social fMRI: Investigating and Shaping Social Mechanisms in the Real World." *Pervasive and Mobile Computing* 7, no. 6 (December): 643–59.

Allen, T. 2003. *Managing the Flow of Technology: Technology Transfer and the Dissemination of Technological Information Within the R&D Organization*. Cambridge, MA: MIT Press.

Altshuler, Y., W. Pan, and A. Pentland. 2012. "Trends Prediction Using Social Diffusion Models." In *Social Computing, Behavioral-Cultural Modeling and Prediction*. Lecture Notes in Computer Science series. 7227 Berlin, Heidelberg: Springer. 97–104.

Amabile, T. M., R. Conti, H. Coon, J. Lazenby, and M. Herron. 1996. "Assessing the Work Environment for Creativity." *Academy of Management Journal* 39 (5): 1154–84.

Ancona, D., H. Bresman, and K. Kaeufer. 2002. "The Comparative Advantage of X-teams." *MIT Sloan Management Review* 43, no. 3 (Spring): 33–40.

Anghel, M., Z. Toroczkai, K. Bassler, and G. Korniss. 2004. "Competition in Social Networks: Emergence of a Scale-Free Leadership Structure and Collective Efficiency." *Physical Review Letters* 92 (5): 058701.

Anselin, L., A. Varga, and Z. Acs. 1997. "Local Geographic Spillovers Between University Research and High Technology Innovations." *Journal of Urban Economics* 42 (3): 422–48.

Aral, S., L. Muchnik, and A. Sundararajan. 2009. "Distinguishing Influence-Based Contagion from Homophily-Driven Diffusion in Dynamic Networks." *Proceedings of the National Academy of Sciences* 106 (51): 21544–49.

Arbesman, S., J. Kleinberg, and S. Strogatz. 2009. "Superlinear Scaling for Innovation in Cities." *Physical Review* E 79 (1): 16115.

Arrow, K. J. 1987. "Economic Theory and the Hypothesis of Rationality." In *The New Palgrave: Utility and Probability*, ed. J. Eatwell, M. Milgate, and P. Newman. New York. W.W. Norton (1990), 25–37.

Audretsch, D., and M. Feldman. 1996. "R&D Spillovers and the Geography of Innovation and Production." *The American Economic Review* 86 (3): 630–40.

Bandura, A. 1977. *Social Learning Theory*. Englewood Cliffs, NJ: Prentice-Hall.

Barabási, A.-L. 2002. *Linked: The New Science of Networks*. Cambridge, MA: Perseus Publishing.

Barker, R. 1968. *Ecological Psychology: Concepts and Methods for Studying the Environment of Human Behavior*. Palo Alto, CA: Stanford University Press.

Barsade, S. 2002. "The Ripple Effect: Emotional Contagion and Its Influence on Group Behavior." *Administrative Science Quarterly* 47 (4): 644–75.

Baumol, W. J. 1972. "On Taxation and the Control of Externalities." *The American Economic Review* 62 (3): 307–22.

Beahm, George, ed. 2011. *I Steve: Steve Jobs in His Own Words.* Chicago, Agate B2.

Becker, G., E. Glaeser, and K. Murphy. 1999. "Population and Economic Growth." *The American Economic Review* 89 (2): 145–49.

Berlingerio, M., F. Calabrese, G. Di Lorenzo, R. Nair, F. Pinelli, and M. L. Sbodio. 2013. "AllAboard: A System for Exploring Urban Mobility and Optimizing Public Transport Using Cellphone Data." See www.d4d.orange.com/home.

Bettencourt, L., J. Lobo, D. Helbing, C. Kuhnert, and G. West. 2007. "Growth, Innovation, Scaling, and the Pace of Life in Cities." *Proceedings of the National Academy of Sciences* 104 (17): 7301–6.

Bettencourt, L., and G. West. 2010. "A Unified Theory of Urban Living." *Nature* 467 (October 21): 912–13.

Blumberg, A., and P. Eckersley. 2009. "On Locational Privacy and How to Avoid Losing It Forever." San Francisco: Electronic Frontier Foundation. See https://www.eff.org/wp/locational-privacy.

Boinski, S., and A. F. Campbell. 1995. "Use of Trill Vocalizations to Coordinate Troop Movement Among White-Faced Capuchins: A Second Field Test." *Behaviour* 132 (11–12): 875–901.

Bouchaud, J. P., and M. Mezard. 2000. "Wealth Condensation in a Simple Model of Economy." *Physica A: Statistical Mechanics and Its Applications* 282 (3): 536–45.

Brennan, T., and A. Lo. 2011. "The Origin of Behavior." *Quarterly Journal of Finance* 1 (1): 55–108. See http://ssrn.com/abstract=1506264.

Breza, E. 2012. Essays on Strategic Social Interactions: Evidence from Microfinance and Laboratory Experiments in the Field. PhD thesis. Economics Department, MIT.

Buchanan, M. 2007. *The Social Atom: Why the Rich Get Richer, Cheaters Get Caught, and Your Neighbor Usually Looks Like You.* New York: Bloomsbury.

——. 2009. "Secret Signals". *Nature* 457 (January 29): 528–30.

Bucicovschi, O., R. W. Douglass, D. A. Meyer, M. Ram, D. Rideout, and D. Song. 2013. "Analyzing Social Divisions Using Cell Phone Data." See http://www.d4d.orange.com/home.

Burt, R. 1992. *Structural Holes: The Social Structure of Competition.* Cambridge, MA: Harvard University Press.

——. 2004. "Structural Holes and Good Ideas." *American Journal of Sociology*, 110 (2): 349–99.

Butler, D. 2007. "Data Sharing Threatens Privacy." *Nature* 449 (October 11): 644–45.

Calabrese, F., D. Dahlem, A. Gerber, D. Paul, X. Chen, J. Rowland, C. Rath, and C. Ratti. 2011. "The Connected States Of America: Quantifying Social Radii of Influence." In *Privacy, Security, Risk and Trust (PASSAT), 2011 IEEE Third International Conference* and *2011 IEEE Third International Conference on Social Computing (SocialCom)*: 223–30.

Calvó-Armengol, A., and M. Jackson. 2010. "Peer Pressure." *Journal of the European Economic Association* 8 (1): 62–89.

Castellano, C., S. Fortunato, and V. Loreto. 2009. "Statistical Physics of Social Dynamics." *Reviews of Modern Physics* 81 (2): 591–646.

Cebrian, M., M. Lahiri, N. Oliver, and A. Pentland. 2010. "Measuring the Collective Potential of Populations from Dynamic Social Interaction Data." *Journal* of *Selected Topics in Signal Processing* 4 (4): 677–86.

Centola, D. 2010. "The Spread of Behavior in an Online Social Network Experiment." *Science* 329, no. 5996 (September 3): 1194–97.

Centola, D., and M. Macy. 2007. "Complex Contagions and the Weakness of Long Ties." *The American Journal of Sociology* 113 (3): 702–34.

Chen, K. Y., L. Fine, and B. Huberman. 2003. "Predicting the Future." *Information Systems Frontiers* 5 (1): 47-61.

——. 2004. "Eliminating Public Knowledge Biases in Information-Aggregation Mechanisms." *Management Science* 50 (7): 983–94.

Choudhury, T., and A. Pentland. 2003. "Sensing and Modeling Human Networks Using the Sociometer." In *Proceedings of the 7th IEEE International Symposium on Wearable Computers*: 215–22.

——. 2004. "Characterizing Social Networks Using the Sociometer." In *Proceedings of the North American Association of Computational Social and Organizational Science*, Pittsburgh, Pennsylvania, June 10–12. See http://www.cs.dartmouth.edu/~tanzeem/pubs/Choudhury_CASOS.pdf.

Christakis, N., and J. Fowler. 2007. "The Spread of Obesity in a Large Social Network over 32 Years." *New England Journal of Medicine* 357 (July 26): 370–79.

Clydesdale, T. 1997. "Family Behaviors Among Early US Baby Boomers: Exploring the Effects of Religion and Income Change, 1965–1982." *Social Forces* 76 (2): 605–35.

Coase, R. 1960. "The Problem of Social Cost." *Journal of Law and Economics* 3: 1–44.

Cohen, E. E., R. Ejsmond-Frey, N. Knight, and R. Dunbar. 2010. "Rowers' High: Behavioural Synchrony Is Correlated with Elevated Pain Thresholds." *Biology Letters* 6, no. 2 (February 23): 106–8; doi: 10.1098/rsbl.2009.0670. Epub 2009 Sep 15.

Conradt, L., and T. Roper. 2005. "Consensus Decision Making in Animals." *Trends in Ecology and Evolution* 20 (8): 449–56.

Couzin, I. 2007. "Collective Minds." *Nature* 445 (February 15): 715.

——. 2009. "Collective Cognition in Animal Groups." *Trends in Cognitive Sciences* 13 (1): 36–43.

Couzin, I., J. Krause, N. Franks, and S. Levin. 2005. "Effective Leadership and Decision-Making in Animal Groups on the Move." *Nature* 433 (February 3): 513–16.

Crane, P., and A. Kinzig. 2005. "Nature in the Metropolis." *Science* 308, no. 5726 (May 27): 1225.

Curhan, J., and A. Pentland. 2007. "Thin Slices of Negotiation: Predicting Outcomes from Conversational Dynamics Within the First Five Minutes." *Journal of Applied Psychology* 92 (3): 802–11.

Dall, S. R. X., L. A. Giraldeau, O. Olsson, J. M. McNamara, and D. W. Stephens. 2005. "Information and Its Use by Animals in Evolutionary Ecology." *Trends in Ecology and Evolution* 20 (4): 187–93; doi:10.1016/j.tree.2005.01.010.

Danchin, E., L. A. Giraldeau, T. J. Valone, and R. H. Wagner. 2004. "Public Information: From Nosy Neighbors to Cultural Evolution." *Science* 305, no. 5683 (July 23): 487–91; doi:10.1126/science.1098254.

Dawber, T. 1980. *The Framingham Study: The Epidemiology of Atherosclerotic Disease*. Cambridge, MA: Harvard University Press.

De Montjoye, Y., C. Finn, and A. Pentland. 2013. "Building Thriving Networks: Synchronization in Human-Driven Systems." *ChASM: 2013 Computational Approaches to Social Modeling*, Barcelona, Spain (June 5–7).

De Montjoye, Y., S. Wang, and A. Pentland. 2012. "On the Trusted Use of Large-Scale Personal Data." *IEEE Data Engineering* 35 (4): 5–8.

De Soto, H., and F. Cheneval. 2006. *Swiss Human Rights Book, Volume 1: Realizing Property Rights*. Switzerland: Rüffer&Rub.

Dietz, T., E. Ostrom, and P. Stern. 2003. "The Struggle to Govern the Commons." *Science* 302, no. 5652 (December 12): 1907–12.

Dijksterhuis, A. 2004. "Think Different: The Merits of Unconscious Thought in Preference, Development and Decision Making." *Journal of Personality and Social Psychology* 87 (5): 586–98.

Dong, W., K. Heller, and A. Pentland. 2012. "Modeling Infection with Multi-Agent Dynamics." In *Social Computing, Behavioral-Cultural Modeling and Prediction*. Lecture Notes in Computer Science series. 7227. Berlin, Heidelberg: Springer. 172–79.

Dong, W., T. Kim, and A. Pentland. 2009. "A Quantitative Analysis of the Collective Creativity in Playing 20-Questions Games." In *Proceedings of the Seventh ACM Conference on Creativity and Cognition* (October 27–30): 365–66.

Dong, W., B. Lepri, A. Cappelletti, A. Pentland, F. Pianesi, and M. Zancanaro. 2007. "Using the Influence Model to Recognize Functional Roles in Meetings." In *Proceedings of the Ninth International Conference on Multimodal Interfaces* (November 12–15): 271–78.

Dong, W., and A. Pentland. 2007. "Modeling Influence Between Experts." In *Artificial Intelligence for Human Computing*. Lecture notes in Computer Science. 4451. Berlin: Springer-Verlag. 170–89. See http://link.springer.com/chapter/10.1007/978-3-540-72348-6_9#page-1.

——. 2009. "A Network Analysis of Road Traffic with Vehicle Tracking Data." In *Proceedings: AAAI Spring Symposium: Human Behavior Modeling*. 7–12.

Dunbar, R. 1992. "Neocortex Size As a Constraint on Group Size in Primates." *Journal of Human Evolution* 20 (6): 469–93.

Eagle, N., M. Macy, and R. Claxton. 2010. "Network Diversity and Economic Development." *Science* 328, no. 5981 (May 21): 1029–31. See http://www.sciencemag.org/content/328/5981/1029.full.pdf.

Eagle, N., and A. Pentland. 2006. "Reality Mining: Sensing Complex Social Systems." *Personal and Ubiquitous Computing* 10 (4): 255–68.

——. 2009. "Eigenbehaviors: Identifying Structure in Routine." *Behavioral Ecology and Sociobiology* 63 (7): 1057–66.

Expert, P., T. Evans, V. Blondel, and R. Lambiotte. 2011. "Uncovering Space-Independent Communities in Spatial Networks." *Proceedings of the National Academy of Sciences* 108 (19): 7663–68.

Farrell, S. 2011. "Social Influence Benefits the Wisdom of Individuals in the Crowd." *Proceedings of the National Academy of Sciences* 108 (36): E625.

Fehr, E. and S. Gachter. 2002. "Altruistic Punishment in Humans." *Nature* 415 (January 10): 137–40.

Florida, R. 2002. *The Rise of the Creative Class and How It's Transforming Work, Leisure, Community, and Everyday Life*. New York: Basic Books.

——. 2005. *Cities and the Creative Class*. New York: Routledge.

——. 2007. *The Flight of The Creative Class: The New Global Competition for Talent*. New York: HarperCollins.

Frijters, P., J. Haisken-DeNew, and M. Shields. 2004. "Money Does Matter! Evidence from Increasing Real Income and Life Satisfaction in East Germany Following Reunification." *American Economic Review* 94 (3): 730–40.

Fudenberg D., D. G. Rand, and A. Dreber. 2012. "Slow to Anger and Fast to Forgive: Cooperation in an Uncertain World." *American Economic Review* 102 (2): 720–49. See http://dx.doi.org/10.1257/aer.102.2.720.

Fujita, M., P. Krugman, and A. Venables. 1999. *The Spatial Economy: Cities, Regions, and International Trade*. Cambridge, MA: MIT Press.

Glaeser, E., J. Kolko, and A. Saiz. 2000. Technical report. Cambridge, MA: National Bureau of Economic Research.

Glinton, R., P. Scerri, and K. Sycara. 2010. "Exploiting Scale Invariant Dynamics for

Efficient Information Propagation in Large Teams." In *Proceedings of the Ninth International Conference on Autonomous Agents and Multiagent Systems* in Toronto, Canada. Richland, SC: International Foundation for Autonomous Agents and Multiagent Systems. May 10–14.

Gneezy, U., S. Meier, and P. Rey-Biel. 2011. "When and Why Incentives (Don't) Work to Modify Behavior." *Journal of Economic Perspectives* 25 (4): 191–209.

Gomez-Rodriguez, M., J. Leskovec, and A. Krause. 2010. "Inferring Networks of Diffusion and Influence." In *Proceedings of the 16th ACM SIGKDD International Conference on Knowledge Discovery and Data Mining*. New York: ACM: 1019–28.

Gonzalez, M. C., C. A. Hidalgo, and A.-L. Barabási. 2008. "Understanding Individual Human Mobility Patterns." *Nature* 453 (June 5): 779–82; doi:10.1038/nature06958.

Granovetter, M. 1973. "The Strength of Weak Ties." *American Journal of Sociology* 78 (6): 1360–80.

——. 2005. "The Impact of Social Structure on Economic Outcomes." *Journal of Economic Perspectives* 19 (1): 33–50.

Granovetter, M., and R. Soong. 1983. "Threshold Models of Diffusion and Collective Behavior." *Journal of Mathematical Sociology* 9 (3): 165–79.

Gray, P. 2009. "Play as a Foundation for Hunter-Gatherer Social Existence." *American Journal of Play*, 1, 476–522.

Grund, T., C. Waloszek, and D. Helbing. 2013. "How Natural Selection Can Create Both Self- and Other-Regarding Preferences, and Networked Minds." *Scientific Reports* 3, no. 1480 (March 19); doi: 10.1038/srep01480.

Hägerstrand, T. 1952. "The Propagation of Innovation Waves." *Lund Studies in Geography: Series B, Human Geography*. no. 4. Sweden: Royal University of Lund.

——. 1957. "Migration and Area: Survey of a Sample of Swedish Migration Fields and Hypothetical Considerations of Their Genesis in Migration in Sweden, A Symposium." *Lund Studies in Geography: Series B, Human Geography*. no. 13. Sweden: Royal University of Lund.

Haidt, J. 2010. "The Emotional Dog and Its Rational Tail: A Social Intuitionist Approach to Moral Judgment." *Psychology Review* 108, no. 4: 814–34.

Hardin, G. 1968. "Tragedy of the Commons." *Science* 162, no. 3859 (December 13): 1243–48.

Hassin, R., J. Uleman, and J. Bargh, eds. 2005. *The New Unconscious*. Oxford Series in Social Cognition and Social Neuroscience. New York: Oxford University Press.

Helbing, D., W. Yu and H. Rauhut. 2011. "Self-organization and Emergence in Social Systems: Modeling the Coevolution of Social Environments and Cooperative Behavior." *Journal of Mathematical Sociology* 35 (1–3): 177–208.

Henrich, J., S. Heine, and A. Norenzayan. 2010. "The Weirdest People in the World?" *Behavioral and Brain Sciences* 33 (2–3): 61–83.

Hidalgo, C., B. Klinger, A.-L. Barabási, and R. Hausmann. 2007. "The Product Space Conditions the Development of Nations." *Science* 317, no. 5837 (July 27): 482–87.

Hidalgo, C. A., and C. Rodriguez-Sickert. 2008. "The Dynamics of a Mobile Phone Network." *Physica A: Statistical Mechanics and Its Applications* 387 (12): 3017–24; doi:10.1016/j.physa.2008.01.073.

Hong, L., and S. E. Page. 2004. "Groups of Diverse Problem Solvers Can Outperform Groups of High-Ability Problem Solvers." *Proceedings of the National Academy of Sciences* 101 (46): 16385–89; doi:10.1073/pnas.0403723101.

Iacoboni, M., and J. C. Mazziotta. 2007. "Mirror Neuron System: Basic Findings and Clinical Applications." *Annals of Neurology* 62 (3): 213–18.

Jacobs, J. 1961. *The Death and Life of Great American Cities*. New York: Random House.

Jaffe, A., M. Trajtenberg, and R. Henderson. 1993. "Geographic Localization of Knowledge Spillovers as Evidenced by Patent Citations." *Quarterly Journal of Economics* 108 (3): 577–98.

Kahneman, D. 2002. "Maps of Bounded Rationality," Nobel Prize Lecture. See http://www.nobelprize.org/nobel_prizes/economics/laureates/2002/kahneman-lecture.html.

——. 2011. *Thinking, Fast and Slow.* New York: Farrar, Straus and Giroux.

Kandel, E., and E. Lazear. 1992. "Peer Pressure and Partnerships." *Journal of Political Economy* 100 (4): 801–17.

Kelly, R. 1999. "How to Be a Star Engineer." *IEEE Spectrum* 36 (10): 51–58.

Kim, T. 2011. "Enhancing Distributed Collaboration Using Sociometric Feedback." PhD thesis, MIT.

Kim, T., A. Chang, L. Holland, and A. Pentland. 2008. Meeting Mediator: Enhancing Group Collaboration Using Sociometric Feedback." In *Proceedings of the 2008 ACM Conference on Computer Supported Cooperative Work.* New York: ACM: 457–66.

Kim, T., P. Hinds, and A. Pentland. 2011. "Awareness as an Antidote to Distance: Making Distributed Groups Cooperative and Consistent." In *Proceedings of the 2012 ACM Conference on Computer Supported Cooperative Work.* New York: ACM: 1237–46.

King, A. J., L. Cheng, S. D. Starke, and J. P. Myatt. 2012. "Is the True 'Wisdom of the Crowd' to Copy Successful Individuals?" *Biology Letters* 8, no. 2 (April 23): 197–200.

Kleinberg, J. 2013. "Analysis of Large-Scale Social and Information Networks." *Philosophical Transactions of the Royal Society* 371, no. 1987 (March): 20120378.

Krackhardt, D., and J. Hanson. 1993. "Informal Networks: The Company Behind the Chart." *Harvard Business Review* 71, no. 4 (July/August): 104–11.

Krause, S., R. James, J. J. Faria, G. D. Ruxton, and J. Krause. 2011. "Swarm Intelligence in Humans: Diversity Trumps Ability." *Animal Behaviour* 81 (5): 941–48; doi:10.1016/j.anbehav.2010.12.018.

Krugman, P. 1993. "On the Number and Location of Cities." *European Economic Review* 37 (2–3): 293–98.

Krumme, C. 2012. How Predictable: Modeling Rates of Change in Individuals and Populations. PhD thesis, MIT.

Krumme, C., M. Cebrian, G. Pickard, and A. Pentland. 2012. "Quantifying Social Influence in an Online Cultural Market." *PLoS ONE* 7 (5): e33785; doi:10.1371/journal.pone.0033785.

Krumme, C., A. Llorente, M. Cebrian, A. Pentland, and E. Moro. 2013. "The Predictability of Consumer Visitation Patterns." *Scientific Reports* 3, no. 1645 (April 18); doi:10.1038/srep01645.

Lazer, D., and A. Friedman. 2007. "The Network Structure of Exploration and Exploitation." *Administrative Science Quarterly* 52 (4): 667–94.

Lazer, D., A. Pentland, L. Adamic, S. Aral, A.-L. Barabási, D. Brewer, N. Christakis, N. Contractor, J. Fowler, M. Gutmann, T. Jebara, G. King, M. Macy, D. Roy, and M. Van Alstyne. 2009. "Life in the Network: The Coming Age of Computational Social Science." *Science* 323, no. 5915 (February 6): 721–23.

Lee, R. B. 1988. "Reflections on Primitive Communism." In *Hunters and Gatherers, Vol. 1* ed. T. Ingold, D. Riches, and J. Woodburn, 252–68. Oxford, UK: Berg Publishers.

Lepri, B., A. Mani, A. Pentland, and F. Pianesi. 2009. "Honest Signals in the Recognition of Functional Relational Roles in Meetings." In *Proceedings of AAAI Spring Symposium on Behavior Modeling.* Stanford, CA.

Leskovec, J., K. Lang, A. Dasgupta, and M. Mahoney. 2009. "Community Structure in Large Networks: Natural Cluster Sizes and the Absence of Large Well-Defined Clusters." *Internet Mathematics* 6 (1): 29–123.

Lévi-Strauss, C. 1955. *Tristes Tropiques.* New York: Penguin Group (2012).

Liben-Nowell, D., J. Novak, R. Kumar, P. Raghavan, and A. Tomkins. 2005. "Geographic Routing in Social Networks." *Proceedings of the National Academy of Sciences* 102 (33): 11623–28.

Lim, M., R. Metzler, and Y. Bar-Yam. 2007. "Global Pattern Formation and Ethnic/Cultural Violence." *Science* 317, no. 5844 (September 14): 1540–44; doi: 10.1126/science.1142734.

Lima, A., M. De Domenico, V. Pejovic, and M. Musolesi. 2013. "Exploiting Cellular Data for Disease Containment and Information Campaign Strategies in Country-Wide Epidemics." See http://www.d4d.orange.com/home.

Lorenz, J., H. Rauhut, F. Schweitzer, and D. Helbing. 2011. "How Social Influence Can Undermine the Wisdom of Crowd Effect." *Proceedings of the National Academy of Sciences* 108 (22): 9020–25; doi:10.1073/pnas.1008636108.

Macy, M., and R. Willer. 2002. "From Factors to Actors: Computational Sociology and Agent-Based Modeling." *Annual Review of Sociology* 28: 143–66.

Madan, A., M. Cebrian, D. Lazer, and A. Pentland. 2010. "Social Sensing for Epidemiological Behavior Change." In *Proceedings of the 12th ACM International Conference on Ubiquitous Computing*. Ubicomp'10. Copenhagen: Denmark: ACM: 291–300; doi:10.1145/1864349.1864394.

Madan, A., M. Cebrian, S. Moturu, K. Farrahi, and A. Pentland. 2012. "Sensing the 'Health State' of a Community." *IEEE Pervasive Computing* 11, no. 4 (October–December): 36–45.

Madan, A., K. Farrahi, D. G. Perez, and A. Pentland. 2011. "Pervasive Sensing to Model Political Opinions in Face-to-Face Networks." Lecture Notes in Computer Science. *Pervasive Computing*. 6696: 214–31.

Mani, A., C. M. Loock, I. Rahwan, and A. Pentland. 2013. "Fostering Peer Interaction to Save Energy." 2013 Behavior, Energy, and Climate Change Conference. Sacramento, CA. November 17.

Mani, A., C. M. Loock, I. Rahwan, T. Staake, E. Fleisch, and A. Pentland. 2012. "Fostering Peer Interaction to Save Energy." *International Conference on Information Systems (ICIS)*, Orlando, Florida, December 15–19.

Mani, A., A. Pentland, and A. Ozdalgar. 2010. "Existence of Stable Exclusive Bilateral Exchanges in Networks." See http://hd.media.mit.edu/tech-reports/TR-659.pdf.

Mani, A., I. Rahwan, and A. Pentland. 2013. "Inducing Peer Pressure to Promote Cooperation. *Scientific Reports* 3, no. 1735; doi:10.1038/srep01735.

Marr, D. 1982. *Vision: A Computational Approach*. San Francisco: W. H. Freeman.

Marx, K. 1867. *Capital: Critique of Political Economy*. New York: Modern Library (1936).

Meltzoff, A. N. 1988. "The Human Infant as *Homo Imitans*." In *Social Learning* ed. T. R. Zentall and B. G. J. Galef. Hillsdale, NJ: Lawrence Erlbaum Associates. 319–41.

Milgram, S. 1974a. "The Experience of Living in Cities." In *Crowding and Behavior* ed. C. M. Loo. New York: MSS Information Corporation. 41–54.

——. 1974b. *Obedience to Authority: An Experimental View*. New York: Harper and Row.

Monge P. R., and N. Contractor. 2003. *Theories of Communication Networks*. New York: Oxford University Press.

Mucha, P., T. Richardson, K. Macon, M. Porter, and J. P. Onnela. 2010. "Community Structure in Time-Dependent, Multiscale, and Multiplex Networks." *Science* 328, no. 5980 (May 14): 876–78.

Myers, S., and J. Leskovec. 2010. "On the Convexity of Latent Social Network Inference." Neural Information Processing Systems conference. Vancouver, Canada. December 8.

Nagar, Y. 2012. "What Do You Think? The Structuring of an Online Community as a Collective-Sensemaking Process." In *Proceedings of the ACM 2012 Conference on Computer Supported Cooperative Work*. New York: ACM: 393–402.

Nguyen, T., and B. K. Szymanski. 2012. "Using Location-Based Social Networks to Validate Human Mobility and Relationships Models." In *Advances in Social Networks Analysis and*

Mining. IEEE/ASONAM conference. Istanbul, Turkey (August 26): 1215–21. See http://arxiv.org/abs/1208.3653.

Nowak, M. 2006. "Five Rules for the Evolution of Cooperation." *Science* 314, no. 5805 (December 8): 1560–63; doi: 10.1126/science.1133755.

Olguín, D. O., B. Waber, T. Kim, A. Mohan, K. Ara, and A. Pentland. 2009. "Sensible Organizations: Technology and Methodology for Automatically Measuring Organizational Behavior." *IEEE Transactions on Systems, Man, and Cybernetics, Part B: Cybernetics*, 39 (1): 43–55. See http://web.media.mit.edu/~dolguin/Sensible_Organizations.pdf.

Onnela, J. P., S. Arbesman, M. Gonzalez, A.-L. Barabási, and N. Christakis. 2011. "Geographic Constraints on Social Network Groups." *PLoS ONE* 6 (4): e16939.

Onnela, J. P., J. Saramäki, J. Hyvönen, G. Szabó, D. Lazer, K. Kaski, J. Kertész, and A.-L. Barabási. 2007. "Structure and Tie Strengths in Mobile Communication Networks." *Proceedings of the National Academy of Sciences* 104 (18): 7332–36.

Ostrom, E. 1990. *Governing the Commons: The Evolution of Institutions for Collective Action*. Cambridge, UK: Cambridge University Press.

Pan, W., N. Aharony, and A. Pentland. 2011a. "Composite Social Network for Predicting Mobile Apps Installation." In *Proceedings of the Twenty-Fifth AAAI Conference on Artificial Intelligence*. Menlo Park, CA: AAAI Press. 821–27. See http://arxiv.org/abs/1106.0359.

——. 2011b. "Fortune Monitor or Fortune Teller: Understanding the Connection Between Interaction Patterns and Financial Status." In *Privacy, Security, Risk and Trust (PASSAT), 2011 IEEE Third International Conference on (IEEE)*. Boston, MA (October 9–11): 200–7.

Pan, W., Y. Altshuler, and A. Pentland. 2012. "Decoding Social Influence and the Wisdom of the Crowd in Financial Trading Network." *Privacy, Security, Risk and Trust (PASSAT), 2012 International Conference on Social Computing*, Amsterdam, Netherlands. September 3–5; doi: 10.1109/SocialCom-PASSAT.2012.133.

Pan, W., W. Dong, M. Cebrian, T. Kim, J. Fowler, and A. Pentland. 2012. "Modeling Dynamical Influence in Human Interaction: Using Data to Make Better Inferences About Influence Within Social Systems." *Signal Processing*. 29 (2): 77–86.

Pan, W., G. Ghoshal, C. Krumme, M. Cebrian, and A. Pentland. 2013. "Urban Characteristics Attributable to Density-Driven Tie Formation." *Nature Communications* 4, no. 1961 (June 4); doi:10.1038/ncomms2961.

Papert, S., and I. Harel. 1991. "Situating Constructionism." *Constructionism*. 1–11.

Paridon, T., S. Carraher, and S. Carraher. 2006. "The Income Effect in Personal Shopping Value, Consumer Self-Confidence, and Information Sharing (Word-of-Mouth Communication) Research." *Academy of Marketing Studies* 10 (2): 107–24.

Pentland, A. 2008. *Honest Signals: How They Shape Our World*. Cambridge, MA: MIT Press.

——. 2009. "Reality Mining of Mobile Communications: Toward a New Deal on Data." In *The Global Information Technology Report 2008–2009: Mobility in a Networked World*. eds. S. Dutta and I. Mia. Geneva: World Economic Forum. 75–80. See www.insead.edu/v1/gitr/wef/main/fullreport/files/Chap1/1.6.pdf.

——. 2010a. "To Signal Is Human." *American Scientist* 98 (3): 204–10.

——. 2010b. "We Can Measure the Power of Charisma." *Harvard Business Review* 88, no. 1 (January–February): 34–35.

——. 2011. "Signals and Speech." In *Twelfth Annual Conference of the International Speech Communication Association*. Florence, Italy (August 28–31).

——. 2012a. "Society's Nervous System: Building Effective Government, Energy, and Public Health Systems." *IEEE Computer* 45 (1): 31–38.

——. 2012b. "The New Science of Building Great Teams." *Harvard Business Review* 90, no. 4 (April): 60–69. See http://www.ibdcorporation.net/images/buildingteams.pdf.

——. 2012c. "Reinventing Society in the Wake of Big Data: A Conversation with Alex (Sandy) Pentland." Edge.org (August 30). See http://www.edge.org/conversation/reinventing-society-in-the-wake-of-big-data.

——. 2013a. "Strength in Numbers." To appear in *Scientific American*, October 2013.

——. 2013g. "Beyond the Echo Chamber." *Harvard Business Review*. November 2013.

Pentland, A., D. Lazer, D. Brewer, and T. Heibeck. 2009. "Improving Public Health and Medicine by Use of Reality Mining." In *Studies in Health Technology Informatics*, 149. Amsterdam, Netherlands: IOS Press. 93–102.

Pickard, G., W. Pan, I. Rahwan, M. Cebrian, R. Crane, A. Madan, and A. Pentland. 2011. "Time-Critical Social Mobilization." *Science* 334, no. 6055 (October 28): 509–12; doi: 10.1126/science.1205869.

Pink, D. 2009. *Drive: The Surprising Truth About What Motivates Us*. New York: Penguin.

Pong, S., and D. Ju. 2000. "The Effects of Change in Family Structure and Income on Dropping Out of Middle and High School." *Journal of Family Issues* 21 (2): 147–69.

Prelec, D. 2004. "A Bayesian Truth Serum for Subjective Data." *Science* 306, no. 5695 (October 15): 462–66.

Putnam, R. 1995. "Bowling Alone: America's Declining Social Capital." *Journal of Democracy* 6 (1): 65–78.

Rand, D. G., A. Dreber, T. Ellingsen, D. Fudenberg, and M. A. Nowak. 2009. "Positive Interactions Promote Public Cooperation." *Science* 325, no. 5945 (September 4): 1272–75.

Reagans, R., and E. Zuckerman. 2001. "Networks, Diversity, and Productivity: The Social Capital of Corporate R&D Teams." *Organization Science* 12 (4): 502–17.

Rendell, L., R. Boyd, D. Cownden, M. Enquist, K. Eriksson, M. W. Feldman, L. Fogarty, S. Ghirlanda, T. Lillicrap, and K. N. Laland. 2010. "Why Copy Others? Insights from the Social Learning Strategies Tournament." *Science* 328, no. 5975 (April 9): 208-13.

Rutherford, A., M. Cebrian, S. Dsouza, E. Moro, A. Pentland, and I. Rahwan. 2013. "Limits of Social Mobilization." *Proceedings of the National Academy of Sciences* 110 (16): 6281–86.

Saavedraa, S., K. Hagerty, and B. Uzzi. 2011. "Synchronicity, Instant Messaging, and Performance Among Financial Traders." *Proceeding of the National Academy of Sciences* 108 (13): 5296–301.

Salamone, F. A. 1997. *The Yanomami and Their Interpreters: Fierce People or Fierce Interpreters?* Lanham, MD: University Press of America.

Salganik, M., P. Dodd, and D. Watts. 2006. "Experimental Study of Inequality and Unpredictability in an Artificial Cultural Market. *Science* 311, no. 5762 (February 10): 854–56.

Sartre, J.-P. 1943. *Being and Nothingness / L'étre et le néant*. New York: Philosophical Library (1956).

Schneider, M. J. 2010. *Introduction to Public Health*. Sudbury, MA: Jones and Bartlett.

Schwartz, P. 2003. "Property, Privacy, and Personal Data." *Harvard Law Review* 117: 2056.

Shmueli, E., Y. Altshuler, and A. Pentland. 2013. "Temporal Percolation in Scale-Free Networks." *International School and Conference on Network Science (NetSci)* Copenhagen, Denmark, June 5–6.

Sigmund, K., H. De Silva, A. Traulsen, and C. Hauert. 2010. "Social Learning Promotes Institutions for Governing the Commons." *Nature* 466 (August 12): 861–63.

Simon, H. 1978. "Rational Decision Making in Business Organizations," Nobel Prize in Economic Sciences lecture. See http://www.nobelprize.org/nobel_prizes/economics/laureates/1978/simon-lecture.html.

Singh, V., E. Shmueli, and A. Pentland. "Channels of Communication;" in preparation.

Slemrod, J. 1990. "Optimal Taxation and Optimal Tax Systems." *Journal of Economic Perspectives* 4 (1): 157–78.

Smith, A. 1937. *The Wealth of Nations*. New York: Modern Library, 740.

——. 2009. *Theory of Moral Sentiments*. New York: Penguin Classics.

Smith, C., A. Mashadi, and L. Capra. 2013. "Ubiquitous Sensing for Mapping Poverty in Developing Countries." See http://www.d4d.orange.com/home.

Smith, C., D. Quercia, and L. Capra. 2013. "Finger on the Pulse: Identifying Deprivation Using Transit Flow Analysis." In *Proceedings of the 2013 Conference on Computer Supported Cooperative Work*. New York: ACM: 683–92; doi: 10.1145/2441776.2441852.

Snijders, T. A. B. 2001. "The Statistical Evaluation of Social Network Dynamics." *Sociological Methodology* 31 (1): 361–95.

Stewart, K. J., and A. H. Harcourt. 1994. "Gorilla Vocalizations During Rest Periods: Signals of Impending Departure." *Behaviour* 130 (1–2): 29–40.

Sueur, C., A. King, M. Pele, and O. Petit. 2012. "Fast and Accurate Decisions as a Result of Scale-Free Network Properties in Two Primate Species." *Proceedings of the Complex System Society* (January).

Surowiecki, J. 2004. *The Wisdom of Crowds: Why the Many Are Smarter Than the Few and How Collective Wisdom Shapes Business, Economies, Societies and Nations*. London: Little Brown.

Sweeney, L. 2002. "k-anonymity: A Model for Protecting Privacy." *International Journal of Uncertainty, Fuzziness and Knowledge-Based Systems* 10 (05): 557–70.

Tetlock, P. E. 2005. *Expert Political Opinion: How Good Is It? How Can We Know?* Princeton, NJ: Princeton University Press.

Tett, G. "Markets Insight: Wake Up to the #Twitter Effect on Markets." *Financial Times*, April 18, 2013. See http://www.physiciansmoneydigest.com/personal-finance/Wake-up-to-the-Twitter-Effect-on-Markets-FT.

Thomas, E. M. 2006. *The Old Way: A Story of the First People*. New York: Farrar, Straus and Giroux.

Tran, L., M. Cebrian, C. Krumme, and A. Pentland. 2011. "Social Distance Drives the Convergence of Preferences in an Online Music-Sharing Network." *Privacy, Security, Risk and Trust (PASSAT), 2011 IEEE Third International Conference on Social Computing*. Boston, MA, October 9–11.

Tripathi, P. 2011. Predicting Creativity in the Wild. PhD thesis, Arizona State University.

Tripathi, P., and W. Burleson. 2012. "Predicting Creativity in the Wild: Experience Sample and Sociometric Modeling of Teams." In *Proceedings of the ACM 2012 Conference on Computer Supported Cooperative Work*. Seattle, WA (February 11-15). New York: ACM: 1203–12.

Uzzi, B. 1997. "Social Structure and Competition in Interfirm Networks: The Paradox of Embeddedness." *Administrative Science Quarterly* 42 (1): 35–67.

Waber, B. 2013. *People Analytics: How Social Sensing Technology Will Transform Business and What It Tells Us About the Future of Work*. Upper Saddle River, NJ: FT Press.

Watts, D. J., and P. S. Dodds. 2007. "Influentials, Networks, and Public Opinion Formation." *Journal of Consumer Research* 34 (4): 441–58.

Weber, M. 1946. "Class, Status, Party." In *From Max Weber: Essays in Sociology*, eds. H. Gerth and C. Wright Mills. Abingdon, UK: Routledge. 180–95.

Wellman, B. 2001. "Physical Place and Cyberplace: The Rise of Personalized Networking." *International Journal of Urban and Regional Research* 25 (2): 227–52.

White, H. 2002. *Markets from Networks: Socioeconomic Models of Production*. Princeton, NJ: Princeton University Press.

Wirth, L. 1938. "Urbanism as a Way of Life." *American Journal of Sociology* 98 no. 1 (July): 1–24.

Woolley, A., C. Chabris, A. Pentland, N. Hashmi, and T. Malone. 2010. "Evidence for a Collective Intelligence Factor in the Performance of Human Groups." *Science* 330, no. 6004 (October 29): 686–88. doi: 10.1126/science.1193147.

World Economic Forum. 2011. Personal data: The emergence of a new asset class. See http://www3.weforum.org/docs/WEF_ITTC_PersonalDataNewAsset_Report_2011.pdf.

Wu, L., B. Waber, S. Aral, E. Brynjolfsson, and A. Pentland. 2008. Mining face-to-face interaction networks using sociometric badges: Predicting productivity in an IT configuration task. Available at Social Science Research Network (SSRN) working papers series 1130251 (May 7).

Wyatt, D., T. Choudhury, J. Bilmes, and J. Kitts. 2011. "Inferring Colocation and Conversation Networks from Privacy-Sensitive Audio with Implications for Computational Social Science." *ACM Transactions on Intelligent Systems and Technology (TIST)* 2 no. 1 (January): 7.

Yamamoto, S., T. Humle, and M. Tanaka. 2013. "Basis for Cumulative Cultural Evolution in Chimpanzees: Social Learning of a More Efficient Tool-Use Technique." *PLoS ONE* 8 (1): e55768; doi:10.1371/journal.pone.0055768.

Zimbardo, P. 2007. *The Lucifer Effect: Understanding How Good People Turn Evil.* New York: Random House.

Zipf, G. K. 1946. The $P_1 P_2 / D$ hypothesis: On the inter-city movement of persons. *American Sociological Review* 11, no. 6 (December): 677–86.

——. 1949. *Human Behavior and the Principle of Least Effort.* Cambridge, MA: Addison-Wesley Press. See http://en.wikipedia.org/wiki/Zipf's_law.

國家圖書館出版品預行編目(CIP)資料

數位麵包屑裡的各種好主意：社會物理學──剖析意念傳播方式的新科學 / 艾力克斯・潘特蘭(Alex Pentland)著；許瑞宋譯. -- 初版. -- 臺北市 : 大塊文化, 2014.12
304面 ; 14.8 × 21公分. -- (from ; 106)
譯自 : Social physics : how good ideas spread–the lessons from a new science
ISBN 978-986-213-570-9(平裝)

1.社會科學 2.技術移轉 3.社會互動

501.6 103023310

LOCUS

LOCUS

LOCUS

LOCUS